新潮文庫

食卓の情景

池波正太郎著

目次

食卓の情景

巣と食

私と同業の有馬頼義《よりちか》氏が、夫人に、

「ぼくのとこなんか、池波君のとこより、ずっといいのだぜ。池波君はね、自分ひとりで御馳走《ごちそう》を食べ、そのおあまりでお母さんと奥さんが御飯を食べるのだそうだ」

と、いわれたそうである。

これは、そのすこし前に、ある座談会で私が語ったことを有馬氏が夫人に話したのであろう。

御馳走うんぬん、はさておき、食事の形態としては、そのとおりである。

先《ま》ず、私ひとりが膳《ぜん》につき、家内が給仕をする間に、台所に接した畳敷きの一角で、母が自分と家内との食卓をととのえる。私がひとりで晩酌をはじめると、家内は母と食事にかかり、終る。そのころに私の酒もすみ、家内があらわれて飯と香の物をはこんで来る。これが毎日のだんどりなのだ。

一家そろって食事をしたらいいではないか、と、だれしも思うことであろうが、こうなるまでには、それだけの理由がなかったわけではない。

二十余年も前に結婚したとき、当然のことながら、私は、母と妻という二人の女にはさまれて暮すことになった。終戦間もないころで、核家族などという言葉もなければ、テレビもなく、電気洗濯機の普及にも遠かった時代である。

母はまだ血気さかんであり、家内また気の強い女であったから、お定まりの〔もめごと〕が起るのは、これまた当然であった。

こうしたとき、一家の主《あるじ》である男は、二人の女に屈服するか、または二人の女を屈服させるか、そのどちらかを選ばねばならない。

◇

〔もめごと〕は、先ず台所からはじまる。

飯のたき加減、味噌汁《みそしる》の味、漬物のつけ方などから、姑《しゅうとめ》と嫁のいさかいが起る。

「おれは自分ひとりで飯を食べる。それはお前（家内）がつくれ。お前とあんた（母）が食べるものは、あんたがつくって、おれの飯がすんでから二人が食べるのだ」

と、私はいった。

二人は服従した。

この習慣が、いまもなお、つづいているのである。二十年もたつと、家内が「煮物は、やはり年寄りがおりませんとね」などと、こだわりもなく客にはなすようになっているし、母が、私の好物の〔白和《しらあ》え〕などをつくることもたびたびのことになった。いまのところ、われら人間には、まだ〔巣〕が必要であり、その〔巣〕の中には家族がいなくてはならぬ。そして、その家族たちが、いつも生気にあふれていて、はたらき手の主人を助けなくてはならぬ。それでなくては、人間の巣の存在は意味をなさない。

だが、そうした〔巣づくり〕が、どうにか完成するまでには十年、十五年の歳月がかかる。女たちにとってもそうだろうが、男にしても同様のことなのだ。

ことに、私のような職業についている者は、一日中、巣の中ではたらかねばならぬ、いわゆる〔居職〕なのであるから、日々の食事は、非常にたいせつなものとなる。ぜいたくをしようというのではない。おいしく食べられなくては仕事にもさしつかえてくる。気分よろしく食事をすることが健康を保持する唯一《ゆいいつ》の道であって、いかにすばらしいビーフ・ステーキを出されようとも、巣の空気が険悪であっては、

〔身にも皮にもならない〕

のである。

人それぞれに、わが〔巣づくり〕に努力しているわけだろうが、私の場合は、母と家内の〔共同の敵〕になることによって、姑と嫁を接近せしめた。

叫び、怒鳴り、叱《しか》り、脅《おど》し、全力をつくして〔悪者〕となったのである。

いまや、私が数日の旅行をするときいたとき、母と家内が実にうれしそうな顔つきになり、母はいそいそとカレンダーの前へ行き、私の旅行日へ赤鉛筆で〔しるし〕をつけるのだ。

◇

こうした〔悪者〕になる場合、母と家内のどちらへも一分の〔えこひいき〕があってはならない。家内を叱りつけた翌日は、むりにも母を叱る。母に注意をあたえたときには、むりにも家内に注意をする。

同時に、母につかえるのと同様、家内の母へもつかえなくてはならぬ。私は母をつれて旅行するとき、かならず家内の母も同行した。こうすることによって、双方の母親の親密の度は増し、それが私や家内へもかならずよき影響をもたらすのである。旅行ができないときは、天丼《てんどん》一つでもよいのだ。

となれば、えこひいきにならぬため、年に一度はかならず、家内を旅行につれて行く。

「それだけがたのしみで、毎日はたらいている」

という家内を失望せしめてはならない。

いまも、いかに多忙であっても、これだけは実行している。たとえ一日の旅でも実行する。

それでなくては、どうして私の〔威令〕を彼女たちがきいてくれよう。

男というものは、こうしたことを（めんどうな……）とおもっては、何事もする気になれない。おもしろがって二人の女の糸を引くつもりでいなければ、とても長年月にわたって、つづけられるものではない。

私の場合は、このように、こまめに気をつかうことが、とりも直さず、自分の仕事を肥《こ》やしてきてくれた、ようにおもう。

〔巣〕で、うまいものを食べたいとおもうのなら、それだけの配慮を自分でしなくてはならぬ。

「うまいものを食べさせろ」

と命じているだけでは、どうにもならない。

料理への興味を女たちに抱かせるためには、たまさか、外へ出て〔うまいもの〕を食べさせなくてはだめだ。それはカレーライス一つでもちがうのである。

かつて料理学校へ家内を通わせた、その第一日。帰って来てつくった食事は、もう、とたんにちがってくる。習うということは、実に、おそろしいものなのである。

かくて、ここ五年ほどは、私も女たちも、巣の暮しが、まことにスムーズにゆくようになった……と、おもったら、母は高齢に達し、私ども夫婦は初老の坂へさしかかっている。

老年は、いろいろなかたちをとって〔巣〕を破壊しはじめるであろう。

私は、覚悟を新たにして、来《きた》るべき闘いにそなえているところだ。

惣《そう》菜《ざい》日記

七年ほど前から、日記をつけている。

内容は、その日その日に食べたものを記してあるだけで、その他のことは、ほとんど書かぬ。

これは、以前に家人が、折りにふれて、

「今晩の惣菜は、何にしようかな……ねえ、なにがいい。なにか食べたいものをいって下さい」

なぞと、あぐねきっていう。

口やかましい亭主が、一日中、家にいて仕事をしているのだから、女房としても、たまったものではないだろう。

どこの家庭でも、食事の惣菜には、女たちが考えあぐねてしまうことが多いらしい。

これは、専門家とちがってレパートリーがすくないからでもあるし、いつか料理したものでも、ノートに記しておかぬと、忘れてしまう。

私は、決してぜいたくをいわぬが、なにしろ、家に引きこもって数日間、仕事をし

つづけていると、食べることだけが唯一《ゆいいつ》のなぐさめになってしまう。私が書いている時代小説というものを、たとえていえば、

「今日は、姉川の戦場に大軍をひきいて戦う織田信長《のぶなが》を書く」

そして、

「明日は、江戸の町の片隅で、その日暮しを送っている叩《たた》き大工を書かねばならない」

のであるから、気分を転換させることが実に骨が折れるのだ。自分では気づかぬことだが、家人にいわせると、信長のような英雄を書いているときは、むずかしい顔をして威張っているらしい。

酒のみの大工や八百屋を書いているときは、むやみと饒舌《じょうぜつ》になり、晩酌の量もふえるという。

外出をして、気分を変える時間がとれず、三日も四日も家に引きこもっていたりすると、知らず知らず、日に二、三度も着物を着替えたりすることがある。これも単調な時間のながれに何とかして変化をもたせ、気分を引きたてて小説を書こうとしているからなのであろう。

家事にはげむ女たちが、日に何度も着替えをするのも、家事の単調さに倦《う》み疲れる気分を、みずから引きたたせようとするこころが、たしかにふくまれているようだ。

近年ようやく、そのことがわかってきた。
他人《ひと》に見せるためのおしゃれのみではないのである。

◇

さて……。
こころみに、家内の書棚におさまっている過去数年間の日記の、今日の日づけのところをひらいて見よう。

昭和四十二年十二月九日
本日をもって、銀座通りの都電廃止となる。都政の低劣、ここにきわまれり。
〔昼　十二時〕鰤《ぶり》の塩焼(大根おろし)、葱《ねぎ》の味噌汁《みそしる》、香の物、飯。
〔夕　六時〕鶏《とり》のハンバーグ(白ソース)、グリーンサラダ、ウイスキー・ソーダ(2)、鰤の山かけ、大根とアサリの煮物、飯。
〔夜食　午後十二時〕更科《さらしな》の乾《ほし》そば。

昭和四十三年同月同日
〔昼〕　ドライカレー、コーヒー。

〔夕〕　赤貝とキュウリの酢の物、鯛《たい》の塩焼、冷酒（茶わん2）、カツ丼。
〔夜食〕　カツうどん。

昭和四十四年同月同日
〔昼〕　チキンライス、かき卵、コーヒー、ビール（小）1。
〔夕〕　冷酒（茶わん2）、ニラの卵とじ、キュウリと鶏の黄身酢和《あ》え、精進揚《しょうじんあ》げ、飯、焼海苔《やきのり》、香の物。
〔夜食〕　天ぷらうどん。

昭和四十五年同月同日
〔昼〕　カツレツ、飯、サラダ、コーヒー。
〔夕〕　ウイスキー・ソーダ（3）、牛味噌漬、ムツの子の煮つけ、千枚漬、マグロの刺身、葱入《い》り炒り卵、飯、コーヒー。
〔夜食〕　ざるそば。

そして四十六年の今日は、なにを食べたかというと、昼は、キリボシの煮つけに葱入り炒り卵、わかめの味噌汁、たくあん。夕飯はウイスキー水割り四杯にすき焼で、飯は食べなかった。

そのかわり、夜食に自家製の〔鉄火丼《どん》〕を食べ終え、この原稿を書きすすめているところなのである。

いまは午前一時ちょっと前で、これから朝の五時までが、私の一人きりの修羅場《しゅらば》となる。家人は夜食を出すや、

「ねむるのが、何よりのたのしみで生きている」

と、さっさと自室へ引取ってしまう。

ところで……。

日記に書いてある食べ物の中で、おいしかったものには、色鉛筆で○印がつけてあるから、家人がこれを見れば、すぐわかる。春夏秋冬、その日の惣菜がおもいつかぬとき、この七年間にわたる日記をひろげれば、かならずや家人は、ヒントをあたえられるわけだ。

また、ふしぎなもので、私も、食物のことしか書いてない日記を読返すと、何年も前の、その日にあった出来事をまざまざとおもい起すことが、たびたびあるのだ。

また、ひどくまずいものを食べさせられたときは×印をつけておく。

ときには、

「……今日の夕飯は、身にも皮にもならなかった」

なぞと、大仰なことを書いている。

これは家人の眼にふれることを意識してのことで、

「こんなものを食べさせられていては、とてもとても仕事がつづかぬ。家族を養うちからもわいてこない」

と、つづけたりしている。

このごろはもう、そのようなことを書いてはいないようだ。

また、以前ほどに膳《ぜん》の上を見て、いきなり癇《かん》しゃくをたてることもなくなり、なんでも食べようという心境になってきている。要するに、ぜいたくはいわぬ。熱いものは熱く、冷たいものは冷たくして食べさせてくれれば、何の文句もいわない。

私も少年のころは、なかなかの偏食であったらしいが、戦争中、海軍に入って、それがほとんどなくなった。なにしろ、入隊第一日に、イワシとサツマイモのごった煮を出され、目をまわしたものである。

母の好物

母は、七十歳になる。

東京生れの東京育ちのくせに、母は蕎麦《そば》をあまり好まないし、天ぷらも、鰻《うなぎ》も、

「それほど食べたいとはおもわない」

そうである。

母の好物は肉類と、すしである。

ことに、すしには目がない。

母は、私が七歳のころ、私の父と離婚をした。

そのことについては、これから折りにふれて、書くことにもなるであろう。

母は、私を浅草の実家へあずけ、再婚をし、一子をもうけた。これが私の弟である。

その間、私は浅草の祖父母のもとで育てられていたが、母は弟を産んで間もなく、
またしても第二の夫と離別をし、実家へもどってきた。よくよく男運がない。

というよりも、東京の女である母は、人がよくても、煮え切らない男だとか、ぐずぐずと生きている男と暮すことに、うんざりとしてしまうのであろう。

しかし人一倍、気の強い女であるし、女の愛情で男を立直らせるとか、泣き泣き男につくすとか、そのようなのとは、まるで無縁の女なのである。

さて、実家へもどって来たのはよいが、それから母は、もう〔死物狂い〕にならざるを得なかった。

私の祖父（母の父）は、腕のよい飾り職人であったが、昭和初期のそのころは不景気の最中であって、祖父の仕事はたちまちにさびれてしまい、加えて祖父が病床につき、間もなく亡《な》くなってしまった。

私の弟をつれて帰って来たとたんに、祖父は亡くなった……ようにおぼえている。

それから母は、私たち兄弟と祖母を抱え、実家を背負って立つことになった。

「お前はね、小学校を出たら、すぐにはたらきに出ておくれよ、いいかい。けれども、家へ仕送りしろというんじゃない。お前ひとりがちゃんとやってくれさえすれば、私のことなんか考えなくてもいい」

と、母は私にいった。

私は九つか十になっていたろう。

母はそれからいろいろな仕事についてはたらきはじめたが、しばらくして、浅草の家のすぐ近くにある府立第一高女の〔購買部〕につとめ、これで落ちついた。

ここの主任の下に、母と同年配の女のひと、それに高女の卒業生が三名ほどはたらいてい、文房具その他を売るほかに、昼の弁当を出していた。

母は、このほうに、はたらくことになったのである。

◇

そのころの母は、三十四、五歳であったろう。いまにしておもうと、まことに血気さかんで男のような口をきき、それがまた毒舌であった。

私を叱《しか》るときなど「豆腐の角へ、あたまをぶっつけて死んでしまえ」というのが口ぐせで、いつであったか、私もさすがにこらえかね、十一か十二の私が母を抱えて投げつけたことがある。

それをながめていた祖母（母の母）が、

「もっとやれ、もっとやれ」

と、私をけしかけた。

祖母も、母の毒舌には、かねがね、くやしいおもいをしていたにちがいない。

そのことをいま、母にいうと、

「そんなこと、いったおぼえはないねえ」

と、ぼけきっている。

だが、私も弟も、ひもじいおもいをしたことは一度もない。いつも、たっぷりと食べ、はねまわって遊び、一度も病気をしたことがない。

　最近になって、当時をおもい出しながら、母が、こんなことをいった。

「あのころ、私はつとめが終ると、御徒町《おかちまち》の蛇の目寿司《ずし》へ、よく行ったもんだよ」

「ひとりで？」

「そりゃ、ひとりでさ」

「おれは一度も、つれて行ってもらわなかった」

「だれもつれてなんか行かない。それだけのお金がなかったからね。私ひとりで好きなものを食べていたんだ」

「ひどいじゃないか」

「女ひとりで一家を背負っていたんだ。たまに、好きなおすしでも食べなくちゃあ、はたらけるもんじゃないよ。そのころの私は、蛇の目でおすしをつまむのが、ただひとつのたのしみだったんだからね」

　先《ま》ず、こうしたわけで、大好物のすし一皿を食べることによって、女ひとりが老母と子どもたちを抱えて立ちはたらくエネルギーも生れてくる、ということになる。

　それほどに、

「食べる」

ということは、たいせつなものなのである。

◇

人間にとって、ただひとつ、はっきりとわかっていることは、

「いつかは死ぬ」

という一事のみである。

あとのことは、いっさいわからない。

人は、死ぬために、

「生れてくる」

のである。

おもえば、恐ろしいことである。

この一事を、昭和の大戦に参加した者は、忘れきることができまい。

私も一週に一度は、考えてみてもはじまらぬ自分の死のことを考える。これは二十代で終戦を迎えてから、ずっとそうだ。

「よく、それで生きていられるねえ」

と、知人が私にいった。

まことにそうだ。死ぬことを考えると、だれだって気が滅入《めい》るであろう。

しかし、人間というものは実によくできている。

死ぬときのことを考えていた翌朝、あたたかい飯と、熱い味噌汁《みそしる》と、好物の焼海苔《やきのり》を口に入れた瞬間に、

「生きていることの幸福」

を感じるように、できているからだ。

このごろ、老いた母が家人にこういったそうだ。

「死ぬときは、ぽっくり死にたいから、私はうんと好きなものを食べて、うんと肥《ふと》って、それで心臓を圧迫しておくのよ」

朝五時、私が仕事を終えてベッドへ入らんとするとき、母は「お腹《なか》がすいてたまらなくなり……」寝床から起きだすのである。

鮨《すし》

母のみならず、私も家内も、

「いちばん好きなものは？」

と問われたなら、やはり、

「鮨」

と、こたえるであろう。

江戸前の〔にぎり鮨〕が、はじめて創《つく》られたのは、文化七年（一八一〇）のことだそうな。本所の横網で初代・与兵衛《よへえ》が店をひらき、新鮮な魚介を即席のにぎり鮨にしたのが大評判をよび、これより保守的な押鮨《おしずし》は圧倒されて江戸から逃げ、その勢力範囲を京阪《けいはん》に局限された、などといわれている。

しかし、文化末年には、早くも大坂の道頓堀の〔松の鮨〕に、江戸風のにぎり鮨があらわれたという。

口うるさい人びとは、

「いまの東京の魚は、みな地方や外国の海から送りこまれているというのに、江戸前

という のはおかしい」

などというが、江戸前は〔江戸風〕とでも解しておけばよかろう。

もともと鮨は庶民の食べものであって、私が幼少の頃、祖父の手もとで暮していたとき、しがない飾り職人であった祖父の家でも、七日に一度は出前の鮨を食べていたものだ。

そのころの鮨屋は、ガラス張りのケースにパセリといっしょに魚や貝をならべておくようなまねはしなかったようにおもう。

ところで……。

むかしから銀座にある、それと知られた鮨屋で〔○○鮨〕という店があり、私は以前から、よく通いもしたし、近ごろまで食べに出かけていた。新国劇の芝居を書いていたころには、稽古《けいこ》から初日、二日目と劇場へ通いつめる行き帰りに必ず寄って、鮨の〔松〕を注文し、白雪を二合のむのが習慣のようになってい、当時の本店は、椅子《いす》席のみの小さな構えであったが、数年前に店舗をコンクリート三階建に拡張した。

拡張した当時から二年ほどは、まだよかった。

ところが去年の秋に、久しぶりで立寄《こや》って、例の〔松〕を注文したところ、鮨をにぎる若い職人が、前にすわっている若い女客ふたりを相手にしゃべりまくりながら、私の鮨をにぎりはじめた。

一つ、にぎっては、

「おねえちゃんたち、お休みの日にはどこへ遊びに行くの？」

などと話しかけ、雲脂《ふけ》の落ちそうな長髪をかきあげ、また一つにぎる。

私の鮨ができるまでに、二十分もかかってしまった。

いま流行の〔まな板〕のかたちをした台の上へ鮨をならべて、手巻きの鉄火をつけたのはよいが、親指ほどのふといまぐろが飯からはみ出し、きたならしいことおびただしい。

もったいないから半分ほどは食べようとおもったけれども、どうにも食べられなく、私は早《そう》そうに金をはらって外へ飛出してしまった。

私はこれから、二度と、長年通った〔○○鮨〕へは足を運ばぬことだろう。

◇

鮨屋の職人は、髪を短く刈って毎日よく洗い、手入れをし、髭《ひげ》もきれいに剃《そ》りあげ、鮨をにぎる手の指の爪《つめ》をなめてもきたないとはおもえぬほどでなくてはならぬ。

飯といっしょににぎる魚や貝がやたらに大きく厚く、飯がすくなくて、まるで刺身でも食べているような鮨が、いま流行であるが、それは好き好きゆえ文句をつけるつもりはない。

京都・三条小橋の小さな店の〔松鮨〕の鮨が、いまの私にはぴったりとくる。一時は、ここの鮨を食べたくて京へ出かけたこともあった。

あるじは吉川松次郎。小柄な六十男だが、京都人の中には、〔奇人〕あつかいにする人もいる。

だが、十余年前、ぶらりと、はじめて入ったときからいままで、私へのあるじのあつかいは少しもかわらぬ。他の客に対しても同様に物やわらかく、親切をきわめている。

小さな店で、家族だけでやっているし、常客の絶え間がないから、私は午後三時ごろに出かけて行く。

そして、ゆっくりと酒をのみ、鮨をつまむ。

こうした頃あいを見はからってあらわれる中年の常客のひとりが、いつか私に、

「松つぁんは、いのちがけで鮨をにぎっとるからねえ」

しみじみと、ささやいたことがあった。

にぎっているときのあるじの両眼は、たしかにするどい。

全神経を張ってにぎっている感じがするときがある。

にぎり終えて客の前に出すとき、あるじの顔に、ほっとした微笑が浮ぶ。

よくはわからぬが、にぎりつづけて一日が終ったときの疲れは相当のものにちがい

京都〔松鮨〕の川千鳥（千枚漬のすし）

ない。

東京・上野広小路をちょいと入ったところに、以前〔スキヤ〕というビーフ・ステーキの店があった。

これも小さな店だったが、老齢のおやじは、

「もう疲れてしまって、テキが焼けなくなってしまいました」

といい、店をたたんで隠居してしまった。

専門外のことで、しかとはわからぬが、ステーキの焼きかげんに神経をくばることも、なまなかのことではないと見える。

女が専門の料理人になれないのは、このところであって、毎日、神経を一点に集中し、昨日も今日も変りない美味《おいし》さで料理をつくることが、実は、生理的・

体質的に、女にはむりなのである。

女の血は、現実にのぞんでたちまちに変り、うごく。

家内なども、何かおもしろくないことがあって、むしゃくしゃしているときなどは、塩加減も何もあったものではない。

今朝の味噌汁《みそしる》は昨日の味噌汁ではなく、昨日うまくたけた飯が今日はまずい。

これが、男から見た女だ。

女から見た女は、また別のものになるのであろう。

いずれにせよ、食べもの屋は大変なもので、たった一度、ひどいものを食べさせたがために、長年の常客をうしなうことになりかねない。

毎日のいそがしさにかまけて、

「うちのものはこれでいいのだ」

と、おもいこみ、他店をめぐり歩いて絶えず食べくらべていないと世の中に取残されてしまう。

〔松鮨〕のあるじは、ひまあるごとに、日本全国をめぐり歩いては研究をおこたらぬ。

そして、東京風でもなく大阪風でもなく、京都風でもない独自の鮨をにぎってみせる。

これには私も、つくづくと感心せざるを得ない。そして、自分の仕事も「こうでなくてはならない」と、おもうのである。

料理とサービス

京都の〔松鮨《まつずし》〕もそうだが、いま、私が行く東京の鮨屋で、銀座七丁目の加藤ビルの地下にある小さな店の〔菊鮨〕も、主人夫婦二人のみでやっていて、つとめて人件費をはぶき、そのぶんを材料にまわし、客の負担を軽くしようというやり方である。

そのかわり、おかみさんや娘さんが、強《きつ》いはたらきをせねばならぬこと、いうまでもない。〔菊鮨〕のあるじも、常客の作家・近藤《こんどう》啓太郎氏にいわせると、「たいへんな奇人、変人ですよ」ということだが、私も家内も、そう思ったことは一度もない。

近藤氏から、かねてこの店のことをきいていたが、はじめて家内と行ったとき、近藤氏の名前は出さなかった。これが、私のやり方である。

五時をすこしまわったところで、私が〔菊鮨〕の戸をあけると、あるじは、まだ仕込みを終えていないらしく、いそがしく立ちはたらいている。

「早いかね?」

はじめての私が、そういうと、たちどころに、

「よござんす。お入んなさい」

と、こたえた。

そのときから今まで、あるじ夫婦のあつかいは、すこしも変っていない。

私の母は、ここの鮨が大好きで、みやげに一折もって帰ると、両眼をほそめて、ぺろりと食べてしまう。

母は、こういう。

「ここのお鮨は、おみやげの折の中で、まだ濡《ぬ》れ濡れとしているねえ」

一時間後も尚《なお》、濡れ濡れとしている鮨をにぎるために、あるじが、どのように神経をくばっているか、いうまでもないことである。

鮨屋のみならず、こうした店が少なくなってきたことは事実だ。

たとえば料理屋にしても、レストランにしても給仕の女中やボーイのサービスが荒れているところは、出す料理もかならずまずい。もっとも、そうしたサービスでは、いかにうまいものを出してくれても、うまくなくなってしまうこと、いうをまたぬ。

ところが当今、そのサービスがなかなかむずかしい。

私がいつも出かけて行く下谷《したや》・末広町の料亭〔花ぶさ〕の女中たちは、

「お給料じゃないんです。おかみさんの人柄がいいし、私たち戦前派の女どうしが仲よく、気らくにやっていけるってことが、ありがたいんです」

という。

この店に、私が仲人《なこうど》をした今村君というのがいて、去年の春に、ここの料理主任で、料理界ではそれと知られた矢橋豊三郎老人が、「今村も、主任としてやって見なくてはいけない」というので、麻布《あざぶ》のさる料理店へ出したが、今村は、もう〔花ぶさ〕の店と同僚たちとはなれがたくてはなれがたくて、なんとこの店から麻布へ通勤をした。

そのうち、ついにたまらなくなり、矢橋老にねがって、またしても〔花ぶさ〕へまいもどって来てしまったものである。

かように、なんといっても、それぞれの店のあるじの気風や人柄が使用人へ反映することは恐るべきものがあり、使用人を見れば、たちどころに、あるじの人柄がわかってしまう。

◇

河豚《ふぐ》料理で知られた築地の〔ふく源〕は、シーズン以外の約半年を休業し、つぎのシーズンにそなえての準備にかかる。

座敷の模様替えから器物《うつわ》の手入れ、ひれ酒用のひれを焼いて乾燥させる作業などで、それでも手いっぱいになってしまうそうな。

こういう商売をしているのだから、ここの河豚がまずいわけはない。

河豚料理以外のものは、いっさい出ないが、使用する器物などには、河豚料理に生彩をあたえるための、実にこまやかな配慮がなされている。

刺身・鍋《なべ》・味噌椀《みそわん》・おじや・香の物のコースに変りはないが、味は、すばらしいの一語につきる。

高級な河豚料理などといわれているが、これだけ念の入ったものを、ゆきとどいた女中のサービスで食べて、いざ勘定となると、「かならずしも高くない」のである。

あるじの〔良心〕が、その勘定に、はっきりとあらわれている。

ここも、中年の女中がいずれもゆきとどいている。

先夜、行ったとき、私が女中に、

「ここの女中さんは、みんな仲がよくて、だから、はたらきやすいのだろう?」

そういうと、女中が目をみはって、

「よく、おわかりになりますね」

と、いった。

なに私のみがわかるのではない、だれの目にも、すぐにわかることなのである。

ところで旧臘《きゅうろう》。

この随筆の第一回が出て、それを読んだ母と家内が、

「私たちを材料にしているのだから、一夕《いっせき》、ごはんをよばれようじゃないの」

いい合わせて、私に申出て来た。

「いいだろう。何が食べたい。考えておけ」

と、こたえた。

二人は相談をしたあげく、「しゃぶしゃぶが食べたい」と、いう。

家内は前に一度食べているけれども、母はまだ、牛肉のしゃぶしゃぶを知らぬ。

近ごろテレビなどで、しゃぶしゃぶの店がしきりに宣伝をしているのを見て、母は、ぜひとも、「食べたくなった」と、いうのだ。

紙のごとくうすく切った牛肉を熱いスープでゆがき、これをこってりとしたのとポン酢のと、二種類のタレで食べるというやり方は、だれの口にも合う。

〔しゃぶしゃぶ〕が東京にあらわれたのは、戦後のことである。

私が、これをはじめて食べたのは〔ざくろ〕の日本橋店においてであった。

もっとも、牛肉と葱《ねぎ》をゆがいて酢味噌で食べるというやり方は、明治のころからあったようだ。

三人とも、空腹で出かけたのだが、三人で四人前を食べると、もう、うごけなくなってしまった。

「おいしいものを、たくさん食べられなくなって、くやしい」

と、母はなげいた。

私も同感である。

〔ざくろ〕の女中たちは、中年の人たちばかりではなく、若い人たちも多いのだが、いずれも親切をきわめ、ゆきとどいた接待をする。

どんどん焼

新年を迎えたある夜。

久し振りで〔どんどん焼〕をやった。

いわゆる〔お好み焼〕であるが、われわれ東京の下町に生れ育ったものにとって、この〔どんどん焼〕ほど、郷愁をさそうものはない。

いま、私が住んでいる家は二年ほど前に改築をしたものだが、そのとき、どんどん焼用の大きな鉄板をそなえた食卓をつくり、私が来客に、二十余種類におよぶどんどん焼をつくって食べさせようなどと考えていた。

だが、なにぶんにも敷地がせまく、ついに、夢に見たようなひろい食堂をつくることができず、したがって鉄板つきの食卓も、あきらめざるを得なかった。仕方がないので小さな鉄板をガスコンロにのせてたのしむわけである。

昭和初期から十年代にかけて、東京の下町のところどころに出ていた屋台の〔どんどん焼〕というものは、いまのお好み焼のごとく、何でも彼《か》でもメリケン粉の中へまぜこんで焼きあげる、というような雑駁《ざつぱく》なものではない。

茶柄杓《ちゃびしゃく》のようなかたちをしたものと、大きな鋏《はさみ》と、厚手の〔ハガシ〕を魔法のごとくあやつり、つぎからつぎへ職人（あえて、そういいたい）が何種類ものメニューを鉄板の上につくり出すのである。

ベースは、いうまでもなくメリケン粉を溶いて鶏卵と合わせたものだが、そのほかに牛の挽肉《ひきにく》をボイルドしたものや、切りイカ、乾《ほし》エビ、食パン、牛豚の生肉、揚玉、キャベツ、たまねぎ、鶏卵、こし餡《あん》、支那《しな》そば用の乾そば、豆餅《まめもち》などが常備されてい、店によっては、その他もろもろの材料を工夫して仕入れてくる。

メリケン粉の中へ材料をまぜこむのは〔牛てん〕のみで、これは牛挽肉と日本葱《ねぎ》を入れ、ざっくりとまぜ合わせて鉄板へながし、焼きあげてウスター・ソースで食べる。

いまのお好み焼の大半はこのやり方だが、イカやエビを焼くときは、かならず、メリケン粉をうまく小判型に鉄板へ敷き、その上へ材料をのせ、さらに上からメリケン粉をかけまわして両面を焼くのである。

それに〔パンカツ〕というのがある。

食パンの両面へ、メリケン粉をぬって焼き、ソースをつけて食べる。

以上の価《あたい》は二銭。

しかし、たとえば食パンの上へ挽肉とキャベツをのせて焼きあげたものは、五銭になる。五銭というと、われわれの一日の小づかいであったから〔パンカツ〕の上を食べると、それだけで、煎餅《せんべい》や大福餅をあきらめねばならなかったが、なんといっても、つくりたて焼きたてのうまさは、子供ごころにもこたえられない。

〔カツレツ〕の上というのは、小判型に敷いた上へ牛や豚の生肉をのせ、この上へメリケン粉をかけまわし、乾かぬうちにパン粉をふりかけて焼きあげたもので、これが十銭。

〔オムレツ〕は、ベースのメリケン粉へ、さらに鶏卵を落して焼きあげ、長方形にたたんでソースをかける。

〔おしる粉〕は、細長く敷いたベースの上へ、これも細長く切った豆餅をならべ、さらに餡をのせ、くるくると巻きあげたのを鋏で小さく切る。そうしておいて、今度は容器を焼きあげるのである。その容器へ切って置いた中身を盛り、黒蜜《くろみつ》をたっぷりとかけまわして出す。これも五銭からあった。

私は豆餅を入れた〔餅てん〕が大好きで、これは二銭。やきそばは、いまのやり方とほとんど同じだが、キャベツと揚玉を炒《いた》めた〔キャベツ・ボール〕は、店によって一銭から食べさせたものだ。

こんなことを書いていたら、切りがないから、もうやめよう。

〔どんどん焼〕の屋台は、平日も町の辻《つじ》に出ていて、それぞれに特色をほこっていたが、その中でも近隣の町々を圧倒していたのは〔町田《まちだ》〕という屋号のどんどん焼で、このあるじは、下谷稲荷町《いなりちょう》で洋食屋をしていたのが、悪いやつに店をだまし取られ、老妻と孫ひとりを抱えて、敢然、屋台車を引張ってどんどん焼やに転向しただけあって、そのプライドもたいしたものであった。

〔町田〕は、当時、東京の町々のどこかに、毎日のごとくひらかれていた縁日へ出る。わたしが育った浅草永住《ながずみ》の町の近くの縁日は、七の日の溝店《どぶだな》のお祖師《そっ》さまに、小学校の同級生・阿部徳男の父君が神主《かんぬし》をしている下谷神社で、これは一の日。

〔町田〕は、ここへ出る。そのときでないと、なかなか見つけることができないから、われわれは小づかいをため、縁日の夜をつばをのみのみ、待ちかまえていたものだ。

なんといっても、もとが本格のコックなのだから、牛てんやエビてんのようなポピュラーなものからして、味がちがう。値段は他の店と変らないというので、大人どもも〔町田〕だというと眼の色を変える始末だ。〔やきそば〕なども、ソースでいためる前に豚骨《とんこつ》のスープをそそいで焼く。

ベースのメリケン粉からして、「いったい、何が入っているんだろうな」と、われわれがくびをかしげるほどに、西洋くさい味がして、ふっくらと焼きあがっている。

往年のアメリカ映画の名傍役《わきやく》・エドワード・E・ホートンそっくりの顔つきで、にこりともせずに鉄板へ向っている老いたおやじの手さばきの見事さに、餅てんを食べながら見とれていた私が、おもわず、

どんどんやき屋（昭和初年）

「フーム。凄《すげ》えもんだ」

感嘆の声を発したとたん、ホートン先生ぎょろっとふり向き、私を見すえたかとおもったら、折りしも焼きあがった牛てんを一枚、にこりともせずに私の紙の皿へほうりこみ、只《ただ》一言、

「私の気持だ」と、いった。

さあ、これで私が、すっかり〔町田〕のおやじに惚《ほ》れこんでしまったものだ。

家へ帰って母に、「〔町田〕のおやじへ弟子入りする」と、いった。

「ばか」

母が眼をむいて、怒鳴りつけてきた。

母はすでに「小学校しか出ていないのだから、男の腕しだいで、どうにでも身が立つよう」にと考え、母の従弟《いとこ》が二人も入っている株屋に私を奉公させるつもりでいたのだから、むろん、承知するわけがない。

つぎの溝店のお祖師さまの縁日で、〔町田〕のおやじに会い、牛肉入りのパンカツレツを食いながら、

「おじさんに弟子入りをしようとおもったら、母ちゃんがいけねえというんだ」

こういうと、ホートン先生が傍《そば》の老妻をかえりみて、

「正ちゃんには、おどろいたね」

といい、私を見て、ふっとさびしげな微笑をうかべ、

「そりゃあ、お母《つか》さんのいうのがあたり前だよ」

「そうかな」

「そうとも」

そして、キャベツ・ボールをまたしてもおまけしてくれたのである。

〔町田〕のおやじの笑顔を見たのは、このとき、たった一度だけであった。

◇

私は、我家のある永住町近辺のみならず、浅草・下谷一帯をどこでも歩きまわっていた。

あれは小学校の五年生のときであったろう。鳥越《とりごえ》神社の近くに、小ぎれいな〔どんどん焼〕が屋台を出しているのを見つけ、さっそく、牛てんを食べて見たところ、なかなかいけるのである。

ここのおやじは、細身の躰《からだ》つきの、三十五、六歳の……といっても、もっと若かったにちがいない。子供の眼でおぼえていることだから……。

とにかく元気がよくて〔町田〕のおやじとは正反対の、子供たちへも愛嬌《あいきょう》たっぷりなおやじであって、私が、

「おじさん。これからひいきにするよ」

こういうと、

「ほんとかね。いや、ありがとう、ありがとう。それじゃあ、お近づきのしるしに……」

というので、すぐさまパンカツを一枚、おまけしてくれた。

そのうちに私は、「〔町田〕のほかには、役者のところにする」ときめて、鳥越へ通った。

〔役者〕というのは、そのどんどん焼のおやじの美男ぶりを、近辺のおかみさんたちが、

「どんどん焼には惜しいよ。役者になりゃあいいのに……」

などと、うわさしているのをきいて、私ひとりがおやじを〔役者〕とよぶことにきめこんでいたからである。

「このあたりのおばさんたちは、おじさんのことを役者みてえだとさ」

私がいうと、おやじは見る見る相好《そうごう》をくずし、

「正ちゃん。ほ、ほんとかね?」

「ああ、ほんと」

「おい、パンカツをおまけしよう」

「ありがとう」

というわけ。

あるとき、何気もなく私が、

「じゃがいもの茹《ゆ》でたのを賽《さい》の目に切ってさ、キャベツといっしょに炒めたらうめえだろうな」

そういうや、おやじがポンと手を打ち、

「そいつはいいことを教えてくれた。さっそく、やって見よう」

翌日は、茹でたじゃがいもを用意してきて、さっそくやって見ると、これが大好評なのだ。

さらに私が「じゃがいもをよくつぶして焼いて、まん中へ穴をあけて卵をポンと一

つ落し、半熟になったのを食べたらうめえだろうな」というと、おやじは、すぐに「やろう、やろう」といった。

これも大好評で、大人どもが、よく惣菜《そうざい》に買って行くようになった。

ところで、この二つの新しい売物を「何と名づけようか?」と、おやじがいうので、私は即座に前者を〔ポテト・ボール〕とつけ、後者は、おやじが〔鳥の巣焼〕とつけたものだ。

この〔鳥の巣焼〕は、いまも家人に命じてこしらえさせる。

また、あるとき……。

客が私ひとりだったので、私が、

「今日は、自分で焼いて見たいな」

「いいよ。やんなよ」

そこで、私が金五銭を出して、おしる粉をつくったものだ。それを見て、おやじがびっくりして「ふうむ、大したものだ」という。

ま、そのときは、それですんだのであるが、あとがいけなかった。

それから一月《ひとつき》もして、おやじめ、私が行くと、

「ちょっと、店番をしていてくんないか」

と、いい出した。

店番といっても、ただそこにいればよいというのではない。私に焼けるものなら、焼きあげて売ってくれというのだ。そのかわり、自分が好きなものを何でも焼いて食べてくれ、というものだから、私は「よしきた」と引きうけてしまった。

するとおやじは、牛てんだの、カツレツだの、鳥の巣焼だのをぱっぱっと焼きあげ、これを本物の皿へ盛りこみ布巾《ふきん》をかけ、「じゃあ、たのむぜ」にんまりと笑って、どこかへ行ってしまった。

約一時間ほどして帰って来たが、その間に私は、パンカツや牛てんなど、五人ほどの子供の客をさばいていたのである。

以後、三日か四日目には「また、たのむよ」といわれ、店番を引きうけたが、私が焼くのをけっこうおもしろがって、大人も買ってゆく。

おやじめ、いったい何処《どこ》へ行くのだろう、とおもっていたが、そこは子供であったから「この近くに、おじさんの友達が病気で寝ているもんだから、それでときどき、うめえのを焼いて持って行ってやるのさ」という〔役者〕のことばをすっかり信じきって、あのおやじ感心な人だ、などとおもっていたのだ。

ところがこいつ、とんだ〔病気見舞〕だったのである。

〔役者〕のおやじは、近くに住む人の女房と通じていたのだ。

それも、ただの人の女房ではない。あとできいたことだが、なんでも、このあたりの博奕《ばくち》打ちの女房だったらしいのである。

この女房がつれづれなるままに〔役者〕のところへあらわれ、牛てんか何かを焼かせて食べたのがきっかけとなり、美男のおやじを、むしろ女房のほうからさそいこんだものらしい。

ある日。例によって店番をしてやっていると、向う側の路地から若いやくざども三、四人に取りかこまれて、おやじが泣きべそをかきながらあらわれた。

すぐに、私が飛んで行って、

「どうしたんだ、おじさん」

いうと、おやじは恐怖でまっ青《さお》になった顔を引きつらせたまま、声も出ない。

やくざの一人が、やさしい声で、

「坊や。あっちへ行っといで」

と、いった。

「どうするんだ、おじさんを……」

「お前の知ったことじゃあねえ」

「でもさ、ぼくは店番をしてるんだぜ。ちょいと、その手をはなしてやってくんないか」

「うるせえ」

私をどなりつけて、やくざどもは、おやじを何処かへ連去ってしまった。

仕方もなく、屋台を近所の人にたのみ、家へ帰り、翌日、学校の帰りに寄って見ると、屋台店も消えていたし、おやじもいない。

そして〔役者〕は、二度と、姿をあらわさなかった。

事情が、おぼろげながらわかったのは、鳥越に住んでいた級友・村田のはなしを、数年後にきいてからであった。

なんでも指をつめられたとか。

「どんどん焼ができないように、右手を切落された」とかいう。

〔町田〕のおやじと、〔役者〕のおやじ。

この二人は、私が、どんどん焼をするたびに、どうしてもおもい出さざるを得ない人たちなのである。

京の町料理

先日、久しぶりで京都へ出かけた。

以前は月に一度、かならずといってよいほどに足をはこんだ京都も、このごろは暇がなくなり、年に一度か二度になってしまった。

駅前の風景が、ここ十年ほどの間にまったく変ってしまったことには、私も馴《な》れてきたようだが、今度、三条大橋に立ち鴨川《かもがわ》の上《かみ》をながめると、さすがにため息が出た。

川をはさむ木屋町、川端の美しい瓦《かわら》屋根のつらなりはそのままだが、その背後に、いくつもの高層ビルが建ちならびつつあって、鴨川両岸の景観が見る見る変貌《へんぼう》しかけている。

ここで、新旧の文化を論じるつもりはないが、私が書いている時代小説というものは、いうまでもなく何百年前のむかしの時代に生きていた人びとを描くわけだから、平安・鎌倉《かまくら》の時代はもとより、戦国のころから江戸時代におよぶ日本の文化風俗を、およばずながらもさぐり採るために、京都という町は欠くべからざるものなのだ。

江戸（東京）は、もういけない。

戦前には、わずかながら、江戸のにおいを、町の姿にも住む人びとの生活にも残していた東京も、昭和大戦に焼きはらわれ、そのほとんどが潰滅《かいめつ》してしまった。

ほろびたのは、形のあるもののみではない。

東京では、古い〔人のこころ〕も、ほろびてしまったのである。

私が、いまの仕事へ入ってから二十年ほどになろうか。

その間、くり返しくり返し京都を訪れたのも、畢竟《ひっきょう》は、京の町に〔江戸〕を見るからであった。

このごろ、私は京都へ行くと、町のにぎわいを避け、上京《かみぎょう》や中京《なかぎょう》の町家が密集する道を歩きまわるのが常となった。

こうした町々は、夜になると、ひっそりと暗い闇《やみ》につつまれてしまう。

古い京の町が、そのまま闇の中に息づいてい、細い道には車も人も通らず、人声も絶えてしまう。

そこに私は、むかしの江戸の町の夜の姿を感じることができる。

料亭〔万亀楼《まんかめろう》〕も、こうした町の一角にある。

この古い料亭の名を、かねてからききおよんでいた私だが、客となったのは今度がはじめてであった。

織物で知られた西陣の一隅、自動車一台がどうにか通れるほどの猪熊《いのくま》通り出水上《あが》ルところの軒先に、明治時代からの瓦斯灯《ガスとう》がともっていた。

他国の客は、店の名をきいても、なかなかに足をはこぶ機会のすくない場所に〔万亀楼〕はある。

ほんとうの、京の町びとのための料亭であって、しかも繁昌《はんじよう》をしている。

大広間は、新年宴会でにぎわっていたが、その奥の座敷へ入ると、嘘《うそ》のようにしずかであった。

案内をしてくれたF氏が、この店につたわる生間《いかま》流の〔式庖丁《しきぼうちよう》〕を見られるようにとりはからってくれたので、ひとやすみしてから二階の別室へおもむく。

金屛風《きんびようぶ》を背に大俎板《まないた》。その上に白紙へのせられた刀庖丁と真魚箸《まなばし》。そして下ごしらえをした鯉《こい》が一尾。

待つほどに、やがて、当主・小西重義さんが狩衣《かりぎぬ》に烏帽子《えぼし》をつけ、いかめしい顔つきであらわれた。

この人が生間流二十九代目の家元・生間正保ということになる。

なかなかの美丈夫であって、年齢は三十五、六歳というところか。

中村錦之助《きんのすけ》の顔や躰《からだ》に、たっぷりと肉をつけたような風貌である。後で、給仕の仲居にそのことをいうと、仲居が笑い出し、

「錦ちゃんそっくりでございまっしゃろ」

「似てるね」

だれの目にも同じで、仲間うちでは重義さん、万亀の錦ちゃんで通っているそうな。

さて錦ちゃんは、悠然として刀庖丁と真魚箸を取りあげ、生間流の古式にのっとって、鯉を切りさばき、これを夫婦岩《めおといわ》のかたちに大俎板へ飾りつけた。

ゆったりとした両手のうごき、眼のくばり、躰のかまえのいちいちに、意味がふくまれてい、一種の舞踊を見ているようであった。

この式庖丁というものは、貞観《じょうがん》元年（八五九）に藤原中納言《ちゅうなごん》政朝が定めたもので、その後、宮中における大礼儀式には、かならず、餐膳《さんぜん》の前に、この式庖丁がおこなわれたという。

生間家は、のち鎌倉幕府につかえ、足利《あしかが》、織田、豊臣《とよとみ》の家来となったが、明治維新の際は、中納言・烏丸光徳《からすまるみつえ》をたすけ、

「ともに勤王を唱えると共に、隠密《おんみつ》として東奔西走活動をしました。これ生間二十五代・正芳であって、その功績、まことに大なるものがあります」

と、〔万亀楼〕の案内書に記されている。

厳粛に式庖丁を終えた万亀の錦ちゃん……いや生間正保氏。とたんに、にこにこ顔となって、きげんよく語り出した。

商売熱心で、毎夜のごとく仲居たちに、料理を口にした客の声をきくことを忘れぬ

という人だ。

おもしろいはなしをきいた。

幕末のころ、〔万亀楼〕にも諸藩の侍や幕府側の役人が多勢やって来たが、もっとも金ばなれのよかったのは、長州藩だったそうである。

当時は、祇園《ぎおん》から芸妓《げいぎ》が駕籠《かご》で来たそうだが、来るのがおそいと長州ざむらいが怒り出し、

「妓《おんな》が来るまでは、こうして遊ぶ」

などといい、大刀を抜身のまま腰へ差しこみ、その切先《きつさき》で畳を切り破りながら座敷や畳廊下をはねまわる。

どうも困ったそうだが、しかし、帰りぎわに、

「ほれ」

と、小判をチャリンチャリンと落して帰って行くものだから、京の町の人びとは、

「長州はチャリン、チャリン」

といって、もてはやしたそうだ。

それにひきかえ、所司代《しょしだい》や奉行所の役人たちは勘定の払いが悪く、転勤で江戸へ帰ってしまわれたりすると、勘定を取りそこねることが多く、幕府側の評判は、さんざんなものであったとか……。

侠客《きょうかく》・会津の小鉄もよくあらわれたそうで、先々代の未亡人《おばあちゃん》は、よく「会津の小鉄はん、怖いお人やったで」と、嫁に来たばかりの先代未亡人・浜枝さんに語ったそうである。

◇

こんなはなしもきいた。

幕府が味方の諸藩を動員し、京都から長州藩を追いはらったのち、激怒した長州勢が京へ攻めのぼって来て、皇居をまもる幕府軍と市街戦をおこなったことがある。

元治《げんじ》元年七月の〔蛤御門《はまぐりごもん》の変〕だ。

そのとき、傷ついた長州藩士たちが、〔万亀楼〕のあたりまで逃げて来て、ごろごろと倒れ伏し、息絶えた者もすくなくなかったという。

中には、小判を鉢巻の中へ入れている者もあり、彼らの死体をさぐって金品をうばい取った町びとの中には、一夜にして大金もちになった者もいたそうな。

さて、奥座敷へもどると、いよいよ、酒と料理がはこばれて来た。

当夜の献立《こんだて》は、次のようなものであった。

〔先付〕　数の子、すじ子の粕漬《かすづけ》

〔子付〕守口大根の白酢和《あ》え
〔向付《むこうづけ》〕鯛《たい》とたら子の博多つくり、車海老《くるまえび》の姿つくり、わさび、紅たで
〔汁〕すっぽん
〔温物〕さわら蕎麦《そば》、おろし大根、針海苔《はりのり》
〔八寸〕だんご寿《ず》し、もろこ、みょう芽
〔焼物〕ほうろく鰻《うなぎ》、百合根《ゆりね》
〔蓋物《ふたもの》〕豆腐揚出し
〔強肴《しいざかな》〕鰻の豆腐巻
〔果物〕パインアップル

いずれも濃い味つけである。これが私にはうれしい。京料理で、このようにコクのある味つけはめずらしかった。

現在の日本料理の形式は、茶懐石から発達したものであろうが、上方《かみがた》の料理は新鮮な材料にめぐまれているので、材料そのままの味を生かした淡泊な味つけを佳《よ》しとする。いわゆる〔関西料理〕で、いまは東京も関西料理が風靡《ふうび》してい、私が年少のころに、浅草の〔草津〕や〔一直《いちなお》〕で口にした東京風の味わいが、まったく影をひそめてしまった。

ところが、旅に出て、おもいがけぬところで、むかしの東京をおもい出させる料理を口にすることがある。

たとえば、金沢の料亭〔大友楼〕で出す生粋《きっすい》の加賀料理にも、むかしの東京をしのばせる味わいが私には感じられるのである。

姿かたちは、大分にちがっても、そうした共通点を舌におぼえるのは、やはり町びとを客とする料亭のものだからであろう。

心身を惜しみなくつかい、汗水をながしてはたらく町民の舌が、そうした味覚を要求するからだ。

〔万亀楼〕の料理は、すでにのべたような伝統をもっている。

けれども、長らく京の町の、それも西陣という特殊な商業地域にある料亭として、おのずから、その料理の味覚がさだまってきたものといってよい。

私は、他国や他家の料理や食物の悪口をいわぬようこころがけている。

これほどに愚劣なことはない。

人の好みは千差万別で、それぞれの国、町の風土環境と、人びとの生活によって、それぞれの好みがつくられるのだ。

むかし、〔万亀楼〕へ酒食に来る旦那《だんな》衆は、はたらいているときの、きっちりとした堅い身なりであらわれ、先《ま》ず風呂《ふろ》へ入る。

丹後・宮津より天ノ橋立をのぞむ

そこへ店の丁稚《でっち》が着替えの衣裳《いしょう》をはこんで来るのだそうな。このほうは、ぐっとくだけた遊びの衣裳で、これをくつろいだ着つけで身につけ、髷先《まげさき》もちょいとくずし、

「さ、たのしく遊ぼうか」

というかまえになる。

やがて、祇園町から芸妓たちが駕籠でやって来て、宴たけなわとなるのが夜ふけてからであったらしい。

こうした遊び方にも、町びとらしい気がまえと、つつましやかな感情が見てとれるではないか。

〔万亀楼〕は、有職《ゆうそく》ふうの伝統を器《うつわ》にも料理にも残しているわけだが、それでいて、その器にも料理の盛りつけにも、気取ったところ、かたくるしいところがいささかもない。

若い人びとの眼や舌をも、じゅうぶんにたんのうさせるにちがいない。

この気やすさ、親しみが、町方の料理、料亭の特色であって、給仕に出る女たちから主人・女将《おかみ》までが、その雰囲気《ふんいき》をそなえていなくてはならぬ。

夜ふけて、私たちは、店の人たちのにぎやかな見送りをうけて外へ出た。

月の無い、京の冬にしてはめずらしい暖夜であった。

◇

翌日も暖かい。

私たちは、列車で丹後の〔天ノ橋立〕へ向った。

夕暮れ前、旅館に到着した。

畳二つをならべたほどのガラス窓いっぱいに、天ノ橋立の景観がのぞまれる部屋で、松葉ガニのちり鍋《なべ》を食べた。

接待の中年の女中が、さすがにゆきとどいている。

こういうときには、何を食べてもうまいにちがいない。

翌日。雨もあがって、うすぐもりの、まるで花どきのような暖気につつまれ、車に乗っていても汗ばむほどである。

丹後宮津の、海辺沿いの魚屋ばかりがならんでいるマーケットへ入ると、同行のSさんが、

「ぐじ（甘鯛）がありますよ」

と、よだれが出そうな声でいう。

なるほどみごとな甘鯛である。

旅での買物は荷になるので、あまりせぬ私なのだが、ついつい、二尾もとめた。

美しい丹後女のおもかげを残した魚屋の老婆《ろうば》が、一塩の下ごしらえをしてくれ、空《あき》罐《かん》へ氷と共につめてくれた。これで千円なり。

この日は、若狭《わかさ》の小浜へ出て旧知の人びとに会い、車で琵琶《びわ》湖の西岸を走りぬけ、京都へ入った。

宮津の甘鯛は、帰京してこの夜のうちに食べるつもりだったのが、ついつい京都の〔万養軒〕でビーフ・ステーキを食べてしまったので、夜ふけに帰宅してから口に入りそうもない。

「重いのに、よせばよかったのに……」

などと母や家内にいわれたけれども、翌朝、かるく焼いて食べてみると、塩加減がよく、おもわず舌つづみを鳴らしてしまった。

母は眼を細めて、甘鯛を食べ終え、

「もう、死んでもいいくらいにうまかった」

と、いいさし、ちろりと私をぬすみ見てから、こういった。

「でも、私が死んだあとで、テレビが、どんなにおもしろい番組をやるかとおもうと、こころ残りがしてねえ」

映画の食卓

先ごろ見た映画〔愛の狩人《かりうど》〕は、アメリカ映画の新しいエネルギーが生み出した一種の快作というべきであった。

原題名は、〔性交《カーナル・ナレッジ》〕という。

この、二人の男のセックスの〔歴史〕を描いた映画は、セックスの荒廃を描くことによって、現代文明の、のっぴきならぬ荒廃を浮彫りにして見せるのである。

二人の男のうちの一人Gは、果てしもない性の遍歴の中でめぐり合ったCMガールと同棲《どうせい》をはじめる。

この女を演ずるのは、グラマラスなアン・マーグレットであるが、すでに若さをうしない、乳房ばかりが奇型的に豊満な……見ようによっては、いかにも女の典型のごとき女そのものになりきっているのにはおどろいた。

これは、マーグレットの演技力がすぐれているというよりも、彼女自身が、(のめりこんで行ける……)

適役であったからだろう。

アン・マーグレット畢生《ひっせい》の名演？　であった。

それにしても、マイク・ニコルズの演出はうまい。

ブロードウエーでも現在、有数の売れっ子だけに、ジャック・ニコルソンとアーサー・ガーファンクル扮《ふん》する二人の男へあたえた演出を通じて、男と女、そしてこの両性が食べ、ねむり、いとなむ〔巣〕へ照射するいくつかのモチーフは、これがアメリカのものだと夕カをくくってはいられないおもいにさせられてくる。

セックスに飽いたとき、CMガールは、男女の〔巣づくり〕を熱望するようになる。常人が何年もかかって、深くきわめてゆくべき性の世界を、この二人は一週間か十日で、性急にむさぼりつくしてしまったのだ。

男のほうも、この女のセックスが気に入ってしまい、だからこそ、彼にしてはめずらしく同棲したわけなのだが、むさぼりつくしたセックスの後に、彼が女にのぞむのは、やはり巣づくりの〔母性〕なのである。

だが、そこには、ベッドの中で寝そべり、セックスをむさぼるだけで、暖かいスープを煮る根気もなく、部屋の掃除にも興味を抱くことのできぬ巨大な肉塊がころがっているだけなのだ。

「何か夕飯を食いたい」

という男に、女がベッドから物憂《ものう》げに起きて、台所へ入り、インスタント食品（グラタンのごときもの）をあたため、これを盆にのせ、ナイフやフォークを置き、ベッドへはこんで来るシーンがある。

二人は、いかにも、まずそうに食べはじめる。

だが、腹がへっている男ですら、すぐに食欲をうしなってしまうのだ。

近ごろ見たアメリカ映画で、これほどに食事のシーンが、みごとな効果をあげているのを見たことがない。

映画にしろ、芝居にしろ、食物と食卓をあつかうとき、これが、その作品の主題や人間描写にからみ合っていないときは、まったく〈むだ〉になってしまう。

これは、時間的に濃縮され、切取って見せる芸術だからであろう。

ゆらい、アメリカ映画の食事のシーンは、むかしから、あまりおもしろいものがない。

出て来る食物も単純なものだし、多くの監督や脚本家は、食物と食卓にあまり興味をしめさぬようだ。

ところが、フランス映画になると、だいぶんにちがってくる。

ごくありふれたギャング映画などでも、食卓をたいせつにあつかう。

これはやはり、食事に執着をもつフランスの国民性から出たものにちがいない。

俳優の中で、演技的に食べ物をうまく食うのは、ジャン・ギャバンである。

この人には、まったく泣かされる。実に自然に食べ、自然に演技をする。

むかし、デュビビエの映画で連続主役を演じていたころのギャバンは、大根だなぞといわれていたものだが、私は、まったく自然そのものにカメラの前で演技するスターは、ギャバン氏とゲイリー・クーパーの二人のみだとおもう。

かなり前のフランス映画で〔現金《げんなま》に手を出すな〕というのがあった。

ギャング映画だが、監督のジャック・ベッケルもあぶらがのりきっていたし、なかなかおもしろかった。

この映画で、ジャン・ギャバンが演じたのは、もう盛りがすぎて、近いうちに引退をして、しずかに老後を送ろうと考えているギャングである。

親友で、これもギャングの中年男と二人で、空港から五千万フランの金塊を盗み出すところから、はなしがはじまるわけだが……。

どうもこの、ギャバン氏の相棒が、だらしのない男で、つまらぬ女に引っかかったり、そのために別のギャングたちにつけねらわれたりするものだから、ギャバン氏は気が気ではない。

そこである夜。

隠《かく》れ家《が》にしている立派なアパートへ相棒をつれこみ、

「おれたちも、もう年なんだから、気をつけなくてはいけないよ」

ギャバンが、しみじみと相棒へ意見をするシーンがあった。

夜ふけの、アパートの一室で、ギャバンは、パンとシャンペンとチーズを出して来て、

「食べろよ」

と、相棒にもすすめながら、自分も食べはじめる。

大金を隠し持ってはいても、妻も子もない独り暮しの中老のギャングの生活が、この深夜の食卓の上に置かれた飲みものと食べものに、まざまざとただよい出てくる。

赤葡萄酒《ぶどうしゅ》ではなく、豪華なシャンペンを飲むところがよい。

こんなシーンに、たとえば女中でもいて、これが暖かいスープなどを運んで来たのでは、まったくぶちこわしてしまう。シャンペンとチーズとパン。これだけの夜食だからよいのだ。

わびしいがしかし、このシーンで、パンをつまみ、チーズを切るギャバンの手つきのよろしさは、実にたまらない。

食べながら切りながら、相棒へ、しずかに意見をつづける。たのもしい兄貴分のギャバン氏へ、すこしあまえながら、おとなしく意見をきいているお人よしの相棒を演じたルネ・ダリイもよかった。

旅の食べもの

以前はよく、仕事や取材のためにというのではない、気ままな行きあたりばったりの旅へ出たものである。

私は、行く先々で、いろいろな職業に見られるらしい。

その中で、もっとも多いのは、なんと、

〔呉服屋〕

なのである。

宿の女中たちの眼に、そう映るらしかった。

そこで行く先々で、私は、長崎の〔べっこう屋〕になったり、京都の〔呉服屋〕になったり、または札幌の〔電機器具商〕になったりしたものだ。

むかし、ハンチングを頭にのせて行くと、

「旦那《だんな》は、刑事さんでしょ」

などと、宿の女中にいわれたものだが、そのときは、そのつもりで応答することにしていた。

北陸の粟津《あわづ》温泉のA屋の女中頭の痔《あんにやまじ》の病いを体操で癒《なお》してやったときなど、他店の番頭をしている彼女の夫からも大いに感謝されたものだが、この夫婦などは、いまだに私を、

「長崎のべっこう屋の主人、山崎幸次郎」

だと信じているにちがいない。

この宿へ泊ったときは、長崎古町の友人の住所と名前で泊るものだから、女中頭は、礼状だの、北陸のうまいものなどを、長崎の友人の家へ送る。

それをまた友人が、東京の私の家へ回送してくれるというわけで、どうにも手数がかかったものだ。

これを称して、

「化けの道楽」

という。

人間は、無意識のうちに演技をたのしむ性質をもっている。

私などはむかし、長い間、芝居の世界にいて脚本を書いたり演出をしたりしていたものだから、旅先で種々の人物に化けるのが、まことにたのしかったものだ。

もっとも現在は、あまりやらない。めんどうくさくなりましてね。

◇

七年ほど前のことだったろうか……。

ぶらりと東京を出て、羽田の空港へ行き、見送りに来た家内に、

「お前が、これぞとおもうところの、どこでもいいから、切符を買っておいで」

といった。

家内は、

「ここを買って来ました。間もなくヒコーキが出るっていいますから……」

と岡山行の切符を出したものだ。

「ああ、そうかい。じゃあ、行って来る」

「落ちないようにね」

「そのセリフは、パイロットにいえ」

「行ってらっしゃい」

というので、岡山の飛行場へ降りた。

飛行中に、地図をひろげて行先を考えたあげく、播州《ばんしゅう》・赤穂《あこう》へ行くことにした。はじめての土地であったし、いうまでもなく赤穂は、かの忠臣蔵の背景となる城下町で、かねてから一度、ぜひ行って見たいとおもっていたところであった。

このときは漫然と出かけたのだが、そのとき赤穂の風物に接したのが動機となり、大石内蔵助《くらのすけ》を主人公とした〔おれの足音〕という長篇小説や〔編笠十兵衛《あみがさじゅうべえ》〕という、赤穂浪士一件を背景にした連作が生れることになる。

私にとっては、かように旅をすることが、結果として貴重なものになるのである。

赤穂城下を二日にわたって見物したが、宿は御崎《みさき》の〔松風〕へとった。車で御崎の旅館街を一巡して、

(これだ)

と感じた、小さな宿へ泊ったのである。

こうしたときの私の眼に、ほとんど狂いはなく、快適なもてなしをうける。旅館のみならず、人の住む家というのは、住む人のこころが歴然とあらわれてしまっていること恐ろしいものだ。外観を見ただけで、およその見当がついてしまうものである。

女主人に番頭、女中、いずれも一人ずつの小さな宿であったが、私は、信州・上田のレストランを経営している益子正吉《ましこしょうきち》という名で泊った。上田には益子輝之という若い友人がいる。彼のことも、いずれは書かねばなるまいが……。

◇

赤穂を見物したのち、私は地図をひろげて、播磨《はりま》の室津《むろつ》へまわることにした。

室津は往古から栄えた港町で、むかしは五泊の随一と称されたほどの繁栄をしめし、九州、四国、中国の大名たちは、江戸や京阪への往復に、かならず室津へ船を寄せたという。お夏清十郎の伝説でも有名なところだ。

赤穂から行くには、国鉄で竜野《たつの》か網干《あぼし》へ行き、そこから車で山越えをし、岬《みさき》と入江に抱きすくめられている室津の港へ着くのが順路だ。しかし、それではあまりに曲がない。いろいろ工夫したあげく、宿にたのんで、御崎の漁港から小舟をやとってもらうことにした。

翌朝、快晴。

渋紙を張りつめたような風貌《ふうぼう》の老船頭に、私は酒を一升買わせた。

「旦那も物好きだねえ。室津みてえなきたねえところへ何しに行く？」

「別に、どうということはない」

「旦那は、信州でレストランをやってなさるそうだが、商売がら、毎日うまいものを食べていなさるのだろうね」

「毎日、菜っ葉に味噌汁《みそしる》ばかり食ってるよ」

「へえ、そんなもんかね」

「そんなもんだ、こういう商売をしているとね」

二人で、冷酒をすすりながら、のんびりと、秋の陽ざしのあかるい播磨灘《なだ》をわたっ

赤穂から室津へ——播磨灘をわたる

て行く。こたえられない。何も彼も忘れてしまう旅の醍醐味《だいごみ》である。

こうして私は、海から室津へ入った。

遠く見えていた古い土蔵の壁や、漁船や、寺の鐘楼などが刻々と目の前に近づき、ついに、そこに足をおろす。これはタクシーで室津へ入るのとは大分に、おもむきがちがって来るのである。

室津には、食堂もうどん屋もなかった。

それほどに、さびれていた。

私は、〔木村旅館〕という小さな宿へ入って、留守番の老婆《ろうば》が「穴子《あなご》の親子丼《おやこどんぶり》ならでけまっけど」といってくれたので、海沿いの座敷へ入り、タコの酢ノ物で酒を二合のんだ。

ややあって、幼女のごとくあどけない老婆が、穴子の丼をはこんで、よちよちとあらわれた。足もとがさだまらぬから、盆の上のどんぶりがカタカタと音をたてている。

こんなときは、もうすっかりうれしくなってしまって、この老婆手製の穴子丼のうまさが忘れられなくなる。

旅情というものであろう。

◇

海に沿った室津の町の細い細い道を、腰のまがった老婆が杖《つえ》をついて、のんびりと歩んで行く。

午後の陽ざしがあかるい、この港は、まったく人の気もないほどにしずかであった。

〔木村旅館〕の客は、私ひとりきりで、朝から舟で、御崎の老船頭と飲みつづけていた上、ここでまた二合のんだものだから、旅館の老婆のこしらえた穴子のどんぶりを食べ終え、自動車を電話でたのんでくれるようにいい、私は、古ぼけた畳の上で、ねむりこんでしまったものだ。

自動車が来たのは夕暮れになってからで、そのころになると、廃墟《はいきょ》のごとき室津の町へ、人の声が、姿が、すこしずつ増えてくる。

相生《あいおい》や姫路へはたらきに出たり、学校へ行っていた子供や学生たちが帰って来るからである。

濃い夕闇《ゆうやみ》の中を、私は車で姫路へ着き、駅前のホテルに泊った。

このとき、旅館の老婆は、二百五十円の勘定でいい、という。七年前のことにしても、いかにも安すぎた。いろいろと厄介をかけたし、何時間も休ませてもらっている。そのとき私が、せめて五百円を取ってくれとたのみ、これを老婆が承知するまでに、大へんな時間がかかったことをおぼえている。

これも、たぶん、おなじころの春であったろうか……。

夜行列車へ飛乗り、朝早く名古屋で乗りかえて、伊賀の上野へ着いたことがある。

このときも町はずれの小さな旅館へ入り、室津のときの老婆のような年寄りに、

「朝飯が食べたいのだが……」

というと、すぐさま、奥の座敷へ入れてくれ、老婆が、

「風呂《ふろ》へ入りなさるか？」

「ありがたいね」

そこで熱い湯を浴び、たきたての飯と味噌汁で腹をこしらえ、さて勘定となると、

酒こそのまなかったけれども、

「百五十円でええ」

老婆が、そういうのだ。

このときも五百円取ってもらうのに、もう大へんなさわぎであった。

年寄りはよい。

私の生活に、年寄りは欠くべからざるものだ。

だから老母に対しても、これをたいせつにして、老後をゆっくり休ませるなどということはしない。

この正月、元日の朝にも、母と家人を前に、

「おれも年をとって何かと躰《からだ》がきかなくなったし、これからは年寄り三人がちからを合わせて行かないと共倒れになる。あんた（母）も、もう七十だからといって、気をゆるめてもらっちゃあ困るぜ。しっかりはたらいてくれなくては、おれが困る」

こういうと老母は、むしろうれしげに、

「死ぬまでやるよ」

と、いった。

外への使いでも何でも、私は老母をどしどし使う。それをまた母はよろこぶかのようだ。

「そのかわりには、おれもうんとはたらき、お前たちに、せいぜい、うまいものを食べさせるつもりだ」

こういうと母の相好《そうごう》は、よだれをたらさんばかりにゆるむのである。

◇

ひとりで旅へ出ることは、おのれを知ることになる。

つまり、見も知らなかった人びとが自分に相対しての口のききよう、表情のうごき、態度の変化などによって、

(ああ、自分は、この人にこうおもわれているのだな)

ということがわかる。知合いの人たちではこうはいかぬ。まったく見知らぬ人のゆえに、その反応によって、われわれは、自分自分をたしかめることができるのである。

また、仕事ではない旅のときは、一心に躰をうごかし、荷をはこび、車へ、列車へ乗ったり降りたり、また一心に、食べるもののことをおもい、一心に口の中へ入れる。

こうした旅を数日つづけていると、あたまの中も躰もしだいに活力がみちてくるのがよくわかる。

食欲がさかんとなり、東京にいるときの二倍は食べる。

そのかわり、宿へ着いて夕飯をすませたころから、もう、明日食べるものについておもいをはせることになるのだ。

たとえば……。

長野市の常宿〔五明館《ごめい》〕へ泊り、うまい夕食をすませたあとで、

（さて、明日は松代《まつしろ》から上田へ車で出よう）

と、旅程をきめ、

（そうなると、上田市役所の観光課にいる益子輝之をさそい出し、昼飯を食べようかな。どこがよかろう、なつめ河岸のやぶそばで軽くのみ、あとは……いや待て。やはり〔但馬軒《たじま》〕の馬肉のすきやきにしよう。やぶそばは、益子君と別所あたりの寺をまわり、また上田へもどってからにしよう。ところで、明日の昼が馬肉となると、明朝は、いかに〔五明館〕のめしがうまくとも、あんまり食べてはいけないいな）

そこで、うまいオムレツに、トマトとセロリと玉ねぎのサラダ、オート・ミールを前もって注文しておく。

この宿のオート・ミールは客室であたためて出してくれる。

そうきめて、寝床へ入ると、また新しい考えがうかんでくるのだ。

（いや、待て。〔五明館〕で弁当を二つ、こしらえさせ、これを持って益子君と二人で、どこかの野原で食べるのもいいな）

〔五明館〕の弁当の杉製の二重折箱の、上段はゴマ入りのにぎりめし。下段はエビフライ、焼鳥、塩鮭《しおざけ》、玉子焼、野菜の煮物などが色彩ゆたかに盛りこまれた、そのうまさを、またしても味わいたくなってきはじめる。

まったく、男のなやみはつきないのである。

そして上田へ着くと、駆けあらわれた観光課員・益子輝之。学生時代は〔ゼンラクレン〕で鳴らした人物。いまも落語には熱を入れているし、素人《しろうと》芝居の立女形《たておやま》であり、別名〔小宮山宗輝〕という茶人でもあるこの青年は、信州の歴史にもくわしい。

「よう、待ってました。〔但馬軒〕の馬さんが鍋《なべ》といっしょにお待ちかねです」

こういう友人が旅の空にいてくれることは、まったくうれしくて、ありがたいことだ。

梅雨《つゆ》の湯《ゆ》豆腐《どうふ》

小説書きは、それぞれに自分の体質と性格に適した方法で発想をし、仕事をすすめて行くわけだが、なんといっても、一つ一つ、仕上げてゆく仕事が同じものではいけないことが苦しい。

もっとも辛《つら》いのは五、六十枚の短篇小説であって、これは短い日数のうちに一つの主題を完結させねばならないから、まったく油断も隙《すき》もあったものではない。私などは五十枚のものだったら五日間、一日十枚を書くつもりで日数をとっておかぬと、安心ができない。連載小説の場合は、一つの長いストーリーを一年なり一年半なりかけて、準備をし、さらに、それと同じ月日をかけて書きすすめてゆくわけだから、当然、登場して来る諸人物の性格も発酵しているわけだ。

そうした作業を、短篇ではわずかな日数と枚数で仕上げねばならぬ。まことに苦しいのだけれども、短篇小説を書くことからはなれてしまうと、私の場合は長篇を書くときの自信がもてない。

短篇を書いて構成力を養っておかぬと、どうも安心ができないのだ。

現在は〔鬼平犯科帳〕と〔剣客商売〕の二篇を連載しているが、二つとも連載でありながら毎月毎月、独立した短篇から成立っている。

しかし、主人公たちには変りないので、そこにはやはり、安心感があるのだ。〔鬼平〕の主人公、長谷川平蔵は実在の人物なのだが、もう五年も書きつづけているので、彼の食物の好みとか、手足のうごきの癖にいたるまで、ペンをとれば即座に浮びあがってきてくれる。

私の場合は、むかしからノートをとったり、構成を終りまで立ててから書きはじめるということは、あまりしなかった。出て来る人物の風貌《ふうぼう》、性格、生活さえ、あたまの中へうかんで来れば、あとは原稿紙にペンを下し、その人物がうごいて行くままに主題を追って行く、というやり方である。

だから、たとえば短篇小説に五日かかるとして、そのうちの二日は、ほとんど何もできない。他の仕事もやらない。書こうとする人間たちが生ま生ましく語りかけ、うごきはじめるのを凝《じっ》と待っている。この間が、実は苦しいのだ。

このように移入型の私であるから、いよいよ仕事にかかると、そのときどきに書いている小説によって、

「人が変ったようになる」

と、家人や老母がいう。むろん、当人の私はまったく気がつかないのだが……。

これは、家人が朝になって、前夜に私が書いておいた原稿の脱字をしらべるので、それがわかるのであろう。

戦国時代を背景にした小説……ことに、戦場のシーンを書きつづけているときなどは、威張り返って荒々しい挙動をするそうだし、また〔鬼平氏〕が酒なぞをのんでいるところを書いているときは、二匹の飼猫にもやさしいそうだ。

前にものべたことだが、それだけに一つの仕事から別の仕事へ移るときの気分転換にはまったく苦労する。

理論的に人物を描くことが不得手な私は、できぬまでも、それぞれの人物になりきろうとする。その気分が醸成されるまでは、どうしてもペンがうごいてくれぬ。

家に引きこもったままでいるときは、着物を替えてみたり、レコードをかけてみたりもする。

音楽というものはふしぎなもので、

「こういうときには、これ」

というふうに決ってしまい、また事実、レコードの音楽によって発想を得ることがすくなくないのだ。

◇

ところで、二年ほど前に私が書いた短篇小説で〔梅雨の湯豆腐〕というのがある。

これを読んで、いまだに「あれはよかった」といってくれる人たちが多い。

主人公は三十七、八歳の〔殺し屋〕であるが、こういうときは私も、いたらぬながら〔殺し屋〕になりきって書く。殺し屋なぞは、もっともむずかしく、苦しい。この小説の主人公は浅草の外れの塩入土手の畑の中の一軒家に住んでいて〔ふさ楊子《ようじ》〕をつくっている。この商売が彼の〔かくれ蓑《みの》〕なのだが、孤独にひっそりと暮していて、だから三食の仕度も自分がするし、また庖丁《ほうちよう》を取るのをたのしみにしている男だ。

その一節に、

「……彦次郎はねむった。ねむって、すさまじい夢を見た。（中略）重い、生ぐさい、どろどろとした黒い血の池の底へ引きずりこまれて、もがき、苦しみ、殺される獣のような悲鳴をあげ、そのわれとわが声に、彦次郎は目ざめた」

とある。

これまで自分が金をもらって殺した人たちの流血が、夢の中で彼を苦しめているわけだが、これは実際、この小説を書いているとき、私が、そうした夢にうなされたのであった。

また、ある殺人を犯す前夜に生卵を三つほど口にほうりこみ、飯も食べずに寝てしまうところがある。それも、その箇所を書いていると、そうした気分になってくるのである。

また、

「橋場の豆腐屋が、今朝とどけてくれた豆腐と油揚げを、細く切って土鍋《どなべ》へ入れ、小さな火鉢にかけた。彦次郎が何より好物の湯豆腐であった。豆飯を台所のかまどへかけておいてから、彦次郎は湯豆腐と焼海苔《やきのり》で酒をのみはじめた。梅雨の冷えに、湯豆腐はことにうまい」

という一節がある。

書いている私は、きらいではないにしても、別に湯豆腐が「何よりの好物」ではない。

だが、小説の季節は、じめじめとふりつづく梅雨の毎日であって、私が彦次郎になって書きすすめていると、自然、こうした食べ物の好みになってしまうのである。

湯豆腐は冬のものだが、それを、なんとなく冷える梅雨の夕暮れにつかったことによって、作者ひとりにはなっとくがゆくニュアンスが生れて来る。

それが、作者にはたいせつなことであって、ラスト・シーンに殺し屋の彦次郎は別の男と争い、却《かえ》って殺されてしまうのだが、その死体を発見するのが、彦次郎へ豆腐をとどけに来る豆腐屋になってくる。ならざるを得ないように、そこへペンが走って行くのである。

「……彦次郎は右手に短刀をつかんだまま倒れていた。死体のまわりは血の海であった。家の門口の青々と茂った柿《かき》の木の下を、豆腐屋が悲鳴をあげて走り去って行った」

と、これで一つ小説が終ることになる。

京都から伊勢へ

この夏から始まる週刊誌の連載小説の舞台を、先《ま》ず、伊勢の古市《ふるいち》にしようと、去年からおもいたってはいたが、古市を見に行く機会がなかなかに得られなかった。

そこで、正月がすぎるころから仕事に精を出して書きためをし、数日の暇を得たので、

(伊勢へ入る前に、一日だけ、京都へ行こう)

と、おもいたった。

午後四時ごろ、ホテルへ荷物を置き、すぐに飛出した。三条小橋の〔松鮨〕へ飛びこむつもりで、舌なめずりをしながら店の前へ来ると、いつものスダレが店の軒にかかっていない。果して戸口に、

「まことに勝手ながら、本日は休ませていただきます」

の貼紙《はりがみ》があった。

あるじのおもうような魚介が、きっと手に入らなかったのであろう。

〔松鮨〕で、夜に入るまでゆっくりと酒をのむつもりでいたのだが、アテが外れてど

うにもならぬ。そこで、花見小路の〔ツボサカ〕で、ビーフ・ステーキを食べようとおもい、久しぶりに行った。ここも休みである。どうにもならぬ。

四条京阪の駅で新聞を買い、映画の広告をしらべると、東京で見のがしていた〔ダーティ・ハリー〕をS座でやっていたので、すぐさま見物することにきめた。

まだ時間が、一時間半ほどある。そこで四条河原町東入ルところの〔志《し》る幸《こう》〕へ行くことにした。早くも満員の盛況である。この店は、幕末勤王の志士、古《こ》高《たか》俊太郎のアジトがあったところで、いまあまりにも有名になってしまったが、出す物の味がいささかもむかしに変らず、うまい。

その安心感があって、今度も裏切られなかった。旅行者もこの店を好むが、なによりも京都の人びとが押しかけて行く。それが〔志る幸〕の強味だ。

名物の利久弁当も、むかしにくらべて倍近く値上りしたのは、物価高の今日、当然であろうが、これを食べに来る若い女性たちで、店内はむせ返るようであった。

黒ぬりの盆に、五、六種のとりざかなを盛って、まぜ飯を型でぬいたのを添え、これに豆腐の白味噌《みそ》椀《わん》がつく。これで酒の二本ものめば私などは満腹してしまうが、今日は、先ず鯛《たい》の刺身と野菜のごま和《あ》えを注文し、酒三本をのみながら、さらにスグキのつけものを追加した。

明石鯛《あかし》の、プリプリするような刺身であった。これを半分残して置き、これで熱い飯を一杯。

おとし芋《いも》の赤味噌椀とスグキで二杯目を食べ、とっぷりと暮れた町へ出る。

新京極のS座へ入ると、ニュースが始っていた。

〔ダーティ・ハリー〕は、ハードボイルド派の刑事を主人公にした映画で、娯楽派のドン・シーゲルが監督したダイナミックな映画である。

主人公の刑事を演ずるクリント・イーストウッドが、スナックでホット・ドッグを食べているとき、通りの向うの銀行を三人づれのギャングが襲撃する。

これを見た刑事が、すこしもさわがず通りへ出て、ホット・ドッグを悠然と嚙《か》み嚙み、三人のギャングを拳銃《けんじゅう》で撃ち倒すシーン。そのときのホット・ドッグが生きている。

しかし、このシーンよりも、もっと秀抜なのが、先ごろ見た〔フレンチ・コネクション〕のピザ・パイであった。

〔フレンチ・コネクション〕も、同じ傾向の犯罪映画であるが、登場人物やストーリーにあたえられたリアリズムの迫力が、すばらしかった。それが娯楽作品だけに厚味が層倍のものとなってくる。主人公のポパイという中年の刑事が、同僚の警官をあやまって射殺していながら、なおいのちがけの勤務についているのにはびっくりする。だがアメリカでは、これが本当のことらしい。

ところで、このポパイ刑事が、フランスから麻薬をニューヨークへ運んで来たフランス人のボスを尾行するシーンが何度も出て来る。

そのうちに、優雅な風貌《ふうぼう》のボス（名優フェルナンド・レイ扮演《ふんえん》）が殺し屋と、高級レストランへ入り、エスカルゴから始る豪華な晩餐《ばんさん》をとりはじめる。

これを、ポパイが通りの向うの家の軒下で見張っていると、同僚の刑事が、西洋のどんどん焼みたいなピザ・パイを紙にくるみ、これも紙コップのコーヒーと共に買って来てくれる。

悪漢ふたりがロースト・ビーフだの、ぶどう酒だのを、暖かいレストランの、ふかした椅子《いす》に腰を埋め、さもうまそうに食べているのと、冬のニューヨークの凍《こご》えるような路上で、寒気にふるえながら、冷えたピザ・パイをまずそうに食べつつ、レストランを見張っているポパイのしかめっ面《つら》のコントラストは、まさに絶妙というべきものであった。

これを、レストランの内側から大きなガラス窓を通して、路上のポパイを撮ったショットは、映画好きの者なら、

「こたえられない」

ところであって、背すじに寒気が疾《はし》る。

戦後は、カメラのレンズが非常な発達をとげ、こうしたショットが生れることにな

った。

しかし〔ダーティ・ハリー〕の爽快《そうかい》さにも、私は相当の満足をおぼえ、見終って外へ出て、河原町の電車通りを突切り、M館で東映の藤純子引退の記念映画〔関東緋桜《ひざくら》一家〕を見物する。

映画そのものより、藤を見る観客の熱気が館内に充満している。

見終って外へ出ると、河原町も静まり返っていた。

またすこし、腹がへってきている。

新京極への通りを歩いていると、うしろから来た男が私を追越したので何気なく見やると、新国劇の辰巳《たつみ》柳太郎氏だ。

肩を叩《たた》いたらぎょっとして振向き、

「おい、おい。どうしたァ」

と、いう。

「いま、藤純子、見て来た」

「お前もか。おれもだ」

「腹がへったので、新京極で蒸しずしでも食べようかとおもって……」

「お前もか、おれもだ」

◇

「これだから、悪いことはできねえよな」

と、辰巳柳太郎氏がいった。

「こんなことってあるかい。お前と、こんなところでバッタリ出会うなんて……しかも、藤純子を二人とも見てさ」

ずいぶんと私も、この人に会わなかった。むかしは新国劇の辰巳・島田と、毎日、たがいに厭《いや》になるほど顔をつき合わせて、芝居の仕事をしたものだが……。

それにしても、この人とは、何度、たがいに癇癪《かんしゃく》をたて、怒鳴り合い、悪口をいい合い、喧嘩《けんか》し合い、そして仲直りをしてきたことだろう。

私が島田・辰巳にはじめて会ったのは、まだ二十代のころで、二人は四十をこえたばかりであった。そのときから、もう二十五年もの歳月がすぎ去ってしまったのに、辰巳柳太郎は二十五年前のままの気分である。

「じゃあ、蒸しずしを食いましょうか」

「ま、蒸しずしではつまらんよ、お前。おれの知ってるとこへ行こう。安いとこだぞ、いいか、安いとこだ。おれは貧乏だからな」

と、いつもこれだ。

新国劇の全盛のころでも、大阪なぞで稽古《けいこ》をしている私に、

「おい、飯を食いに行こう」

というと、きまって南の〔大黒〕の〔かやく飯〕に粕汁《かすじる》。それが終って〔サンライズ〕のコーヒーであった。むかしから、

「おれはケチだからね」

いつも、ぬけぬけという。

こうした人なつっこさは天性のもので、北条秀司《ひでじ》氏なぞも、辰巳氏と大喧嘩をやっては、

「あの野郎、叩っ殺してくれようとおもうんだが……どうも、また、あの人柄がおもしろくておもしろくて、ついつい、引きずられてしまう」

と、いっていたものだ。

むかし、私の家へ来て、家人が〔ドラ焼〕を出すと、たちまちに三個たいらげてしまい、大声で、階下にいる家人へ、

「奥さん、このドラ焼、もうすこしないかねェ!!」

と、叫ぶ。

これで、男も女も、まいってしまうのだ。

新国劇も、今年から、それまで世話になっていたテレビ会社とはなれ、ふたたび独

立劇団となった。その第一回公演が二月の演舞場でおこなわれ、八十七歳の長老・久松喜世子が〔瞼《まぶた》の母〕のおはまをつとめたのにはおどろいたが、その二幕目の暗転前に、辰巳氏が仕出しの〔あほだら坊主《ぼうず》〕を買って出た。

「こういうときだ。どうしても、おれにも出させろ」

とい張ってきかなかったそうな。

むかしは、こんなことはなかった。

それをいうと、

「とんでもない、向うでお前、おれに出ろ出ろ、というもんだから、仕方がなくて出たんだ」

と、照れかくしにいったが、事実はそうでない。背水の陣をしいた劇団の公演という緊張が、いま、島田と辰巳の六十をこえた肉体を若返らせていたのである。二人は、むかしの、ずっとむかしの気分に、

「もどった」

のである。これは、二人のみが知るところであろう。

木屋町の片隅にある〔逆鉾《さかほこ》〕という店で、ちゃんこ鍋《なべ》をごちそうになった。

入れこみの店内で、二人とも大声に語り合う。他人が見たら、喧嘩をしているように見えるそうだが、笑い声がきこえるので、

「そうではないらしい」

と、わかるのだと、むかし、だれかにいわれたことがある。

ぐらぐらと煮えたつ鍋へ、野菜と鶏《とり》を叩きこむようにして入れては食べる。

辰巳氏は、一本も酒はのめない。私だけビールをのむ。

夜ふけて、宿まで送ると、大友柳太朗氏がロビーに待っていた。

新国劇出身の大友氏は、師匠おもいの人で、いろいろとよくつくしている。

「師弟の語らいの邪魔をしては悪いから……」

といい、ホテルへ引きあげた。

入浴し、すぐねむる。仕事に、まったく関係のない一日であったが、明日からはまた、はたらかなくてはならない。

◇

翌日の午後、京都から名古屋へ出て、近鉄で宇治山田へ下りた。

親切そうな運転手の顔を、駅の構内からさがす。いまはまだ、客もすくないので車も運転手も駅頭に群れていた。

(あの人がいい)

と、きめて、その車に乗る。果して、よかった。三十前後の肥《ふと》った運転手だが、いたれりつくせりにしてくれる。

それでないと、何度も車をとめてはメモをとり、写真を撮る私が困ってしまう。古市の町をざっと見て、内宮へ参拝をし、〔志摩観光ホテル〕へ車を飛ばし、早目の夕飯を食べるうち、松阪から井上君ほか二人が案内に来てくれる。

このあたりの風景も、ようやくに観光地の通俗さが入りこんで来て、しずかな海と木立が、俗悪な道路と建物に侵されつつある。

しかし、ホテルの格調は、そのスケールが大きくひろげられたのにかかわらず、すこしもくずれていず、むしろ、サービスは向上している。

名物の〔アワビのステーキ〕も、以前にくらべて、さらに工夫が凝らされ、味わいもよくなっていた。ビーフ・ステーキもおよばぬ別の味わいがある。アワビのもつエネルギーが、そのまま、食べているわれわれの体内に溶けこんでくるようなやわらかさとボリュームがある。

的矢《まとや》のカキをレモンですすりこみ、後に〔志摩風のピラフ〕を食べた。アワビなどの魚介を惜しげもなくつかったピラフもよかったし、井上君が食べた同じ魚介をベースにしたカレーライスをひとさじ、食べさせてもらったが、これもおいしい。

私たちは、夜に入って古市へもどり、古びた旅館へ泊った。

長唄《ながうた》と芋酒

私と同業の杉森久英氏は、いま、長唄の稽古《けいこ》に熱中している。

十数曲をあげたというから、いまがいちばん、おもしろいさかりであろう。

「どうです池波さん。久しぶりに稽古をしては……いっしょにやりましょうよ」

パーティーなどで顔を合わせるたび、しきりにさそわれるが、いまさらもう、私は稽古をする気もちはない。

私が長唄を習ったのは戦前の株屋時代で、これも兜町《かぶとちょう》の、つとめる店はちがっていたが少年のころからの友人・井上留吉と共に、二年ほど稽古をした。

なぜ、長唄の稽古をしたかというと、二人ともそのころ歌舞伎《かぶき》見物に熱中していたものだから、歌舞伎観賞の一助にとおもい、習いはじめたのである。

二人とも、きわめて悪声ゆえ、

「決して、他人の前で唄わぬこと」

を、誓約しての稽古であった。

ところが戦後……といっても、つい数年前に、彦根市へおもむいた折り、井伊《いい》直愛《なおよし》市長の招宴が、旧・井伊家下屋敷跡の〔楽々園〕であり、その席上、井伊市長が長唄の三味線をよくなさることに話題がおよんだ。

すると、前にすわっていた、これも長唄のうまい旧知の芸妓《げいぎ》で小福というのが、強引に、眼の色を変えて、

「さあ、勧進帳をやりましょう、市長さんに弾いていただきましょう」

私にせまった。

いったんはことわったが、

「さて、おぼえているかな」

と、私がやる気になったのは、井伊市長の三味線を弾く姿を、

(ぜひとも、見たい)

という欲が出てきたからであった。

宴席などで、めったに三味線を手にとらぬ市長だったけれども、私が唄うというので、弾いて下さることになったのである。

私は、もう二十五年も唄っていない。

だから、小福と二人で唄うことにした。

すると、市長は、同じ席におられた実弟の井伊正弘氏をうながされて、お二人で弾いて下すった。

まったく久しぶりで勧進帳を唄ったが、おどろいたことには、おもったよりも忘れていない。

これはやはり、十七、八の若いころにおぼえたものだからであろう。

唄いながら、傍《そば》の井伊市長を見やって、私はおもわず得体の知れぬ感動というか、衝撃というか……おもわずはっとなった。

時代小説を書いている私は、まさに旧大名のおもかげを濃厚にとどめている井伊市長が三味線を弾かれる姿を、ぜひとも見たかったのである。

市長は、真剣そのものに弾いておられる。正弘氏も同様だ。これが、尊いのである。

お二人のひたいには、うす汗がにじんでいる。

(これこそ、真の大名芸)

だと、私は深く感じ入ったのである。

このときの市長と正弘氏のイメージを、いつか作品化したいとねがっているが、まだ、できない。

いずれ書けるとおもうが……。

あとで小福に、

「ありがとうよ。おれをひどい目に会わせたね。しかし、おれは市長の弾いておられるところを、ぜひぜひ見たかったのだ」

そういうと、小福も、

「私も、市長さんのお弾きになるところを一度も拝見したことがなかったので、あんない、なむりを……」

と、いった。

井伊市長にお目にかかるたびに、私は封建の世の大名というものへの認識を新たにする。かの井伊大老の曾孫《そうそん》にあたる市長の風貌《ふうぼう》は、まさに大老・井伊直弼《なおすけ》をほうふつとさせるものだし、その市政のとり方、生活のあり方に、私は旧大名の清らかさと理想を見ることができるのである。

はなしが、それてしまった。

若いころ。私と井上留吉は浅草・千束町の山口吉太郎という人の二階を借りうけ、ここを一種の〔アジト〕にして、両人共用の小さな金庫を置き、株券や相場の軍資金をそなえ、井上が泊った。私は依然、浅草・永住町の母のもとをはなれなかった。

この山口さんが、長唄の師匠で、三十を三つ四つこえていたが独身であり、われわれ二人をまるで弟のごとく可愛《かわい》がってくれた。二人が山口師に長唄を稽古してもらうようになったのも、こうした環境によるものであった。

山口師(仮に芸名を、松永和吉朗師としておこうか)のところへ稽古に来る老人で三井清という、これも株屋の外交さんがいた。

この老人は、われわれごときものではない。唄もうまければ、三味線も弾くし、それでいてやはり、他人のいる前では決して唄わなかった。風采《ふうさい》のあがらぬ、質素な身なりをして、深川の清澄町に住んでいたが、まるで娘か孫のような若い細君と暮している。

小さな家の中に猫が二匹。まるで役所の係長ほどの暮しぶりなのだが、金はうなるほどにあった。

「あそびにおいで」

というので、井上と二人で、茅場町《かやばちょう》にあったレストラン〔保米楼《ほめろ》〕の、ロースト・ビーフのサンドイッチを大箱につめさせ、これを手みやげにして出かけて行くと、三井じいさん、すぐさま箱を開け、二匹の猫に惜しげもなくあたえ、自分も細君と共に食べる。

酒が出て、軍鶏《しやも》の鍋《なべ》が出た。

じいさんはそのとき、芋酒なるものを、しきりにすすった。

なんでも、山の芋を切って熱湯にひたし、引きあげて摺《す》りつぶし、これへ酒を入れてねってから、燗《かん》をして出す。

「こいつをやらないと、若い女房の相手ができないのでね」

と、三井じいさんが眼を細めていう。

後年、芋酒が江戸時代からあったことを私は知って、さっそく、小説につかった。いま連載している〔鬼平犯科帳〕の中の一篇〔兇賊《きょうぞく》〕の中で、老盗賊・鷺原《さぎはら》の九平が柳原土手下でいとなむ居酒屋で、芋酒を出させたのである。

また、三井じいさんと若い細君の暮しぶりは、去年から連載をはじめた〔剣客商売〕の主人公で老剣客の秋山小兵衛《こへえ》と若いおはるの生活に、知らず知らず浮出てしまったようである。

鰻《うなぎ》

私の母方の祖父・今井教三は、貧乏な飾り職人にすぎなかったけれども、

「ただもう、はたらきづめにはたらいているやつほど、つまらねえものはない」

というので、すこしでも金と暇ができると、遊びに出かけた。

遊びといっても、酒色に縁のない祖父であったから、先《ま》ず芝居や相撲見物、上野の美術館での展覧会。そして、好物の食べもの、ということになる。

なんでも、母が小学校を卒業したとき、

「そのお祝いに……」

というので、二長町《にちょう》の市村座へ「伊賀越」の通し狂言を見せにつれて行ってくれたそうな。

祖父が亡《な》くなったのは、私が十か十一のころだが、シーズンには必ず、上野の美術館へ連れて行き、夏の朝は、永住町の家からも近い上野の不忍池《しのばず》へ蓮《はす》の花を見に行き、池《いけ》の端《はた》の〔揚出し〕で朝飯を食べる。

ふところがあたたかいときは、浅草の〔中清〕の天ぷら。〔金田〕の鳥。すしは

〔美家古《みやこ》〕であった。いまも私は〔金田〕へ行くと、経営者も変り、座敷の様子も戦後はすっかり変ってしまったにもかかわらず、なつかしいおもいがしてならない。

鰻は、これも浅草の〔前川〕であった。

酒がのめぬ祖父が、それでも一本とって、鰻の焼ける間をつなぐ。子供の私が、さよう猪口《ちょく》で三つも相手をしたろうか。母には小学校卒業まで芝居見物をゆるさなかった祖父も、孫の私には甘かった。

さて後年になり、私は株屋になったわけだが、前の稿でのべた、これも株屋の三井老人が所属していた店の主人《たいしょう》で……仮に吉野さんとしておこうか。この吉野さんが、私や、朋友《ほうゆう》・井上留吉を非常に可愛《かわい》がってくれた。

吉野さんの店は、小さな現物取引店であったが、経営もよく、吉野さんはでっぷりと肥《ふと》った……たとえていえば俳優の進藤英太郎のような風貌《ふうぼう》の〔大将〕で、私どもは初め三井老人に紹介されたのだが、そのとき、私のはなしをきいて吉野さんは、

「あ……君のおじいさんに、私は指輪をつくってもらったことがあるよ」

と、いったものだ。

縁というものはふしぎなもので、このときから大将に、いろいろ私も世話になったのである。

吉野さんは、浅草〔前川〕の鰻が大好物であり、私も井上も、よくお供をしたもの

だ。

鰻が焼けてくるまで、酒をのんでいて、私どもが、他に何か一品、肝焼《きもやき》のごときものでも取ろうとすると、

「鰻が、まずくなるから、いけない」

といい、決して食べさせない。

それで吉野さん、鰻は三人前食べた。

吉野さんが、若くて可愛らしい二号を、八丁堀の小さなしもた屋へ囲ったのは、昭和の大戦がはじまろうとする一年ほど前のことであった。

なんでも講武所の芸者だったとかで、二十二歳だというが、見たところは十八か九にしかおもえない。

吉野さんは、

「かね子や、かね子や」

と呼んで、大満悦である。

私と井上に、

「お前さんたちだけに見せるのだから、三井にもいっちゃあいけませんよ」

といい、よく妾宅《しょうたく》へ呼んでは、酒の相手をさせられた。

二号は、まるで何もしない。色の白い大柄な女で、これがまるで子供のように鼻を

鳴らして、吉野さんに甘えかかる。吉野さんはタスキ・ハチマキになって、酒の仕度をしたり、食べるものをこしらえたり、御飯まで炊《た》く。それがまた、うれしくてたまらぬ様子なのである。

ばあやが一人いたが、吉野さんが来るときは、本所のむすめの家へ帰ってしまうのだ。

「見ちゃあいられねえや。大将、あんな豆大福《まめだいふく》みてえな女の、どこがいいんだ」

と、井上は大ぼやきであったが、吉野さんは、もう有頂天で、

「かね子はね、君。あのときに、そりゃもう、びっくりするような声を出すのだよ。それがさ……」

などと、切りがない。

吉野さんは、なんでも小石川の本宅の奥方がきびしい上に、女のほうへは若いころから気が向かないままに六十近い年齢を迎えてしまったらしい。

「私はね、いま、幸福なんですよ、君」

などと、歯が浮くようなことを平気でいい出すのには、私もあきれ返った。

妾宅でも大将、近くの鰻屋から出前してきたのを三人前、食べてしまう。精力をつけるつもりなのだろうが、結局は、これがいけなかった。おまけに老齢に鞭打《むちう》って、かね子へ立向うのだから、どうしてもむりが重なる。

戦争が始って、間もなく、大将は病床についた。入院はせずに、本宅で療養に入った。ところが、日に日に悪くなる。

あるとき、私が見舞に行くと、

「〔前川〕の鰻が食いたい」

というので、そのころは手に入りにくかったのを何とか都合して持って行った。〔前川〕でたのんだのではない。銀座の〔竹葉〕の鰻を、

「〔前川〕のですよ」

と、いって食べさしたのだが、吉野さんは、もう三口《みくち》と食べられなかった。

そのときだ。吉野さんが私に妙な〔たのみごと〕をしたのは……。

もう二月《ふたつき》も会っていない二号への手当の金をあずかったのだが、そのとき大将、

「たのむから正ちゃん。かね子の秘所《あそこ》の毛を一すじ、持って来てくれ」

というのである。これには若いだけに、私もびっくりした。しかし五十に近い現在となって、ようやく、吉野さんの気持もわかるようになった。

かね子にいえば、すぐに切取ってよこしたろうが、私は、ついにいい出せなかった。いまおもえば吉野さんにすまない。

そして、間もなく吉野さんは亡くなった。

吉野さんと二号のことは〔あほうがらす〕という短篇に書いた。自分でも好きな小

説である。

小説の中では、私が吉野さんの弟になってい、ちゃんと「あそこの毛」を兄へとどけることになっている。

子供のころ

現代《いま》の子供たちは、食べるものが多すぎて、高価なショート・ケーキやカステラなどを眼の前に出されても、

「ふり向きもしない」

そうである。

親たちは、

「たくさん食べて、健康に育ってもらいたい」

という一心で、牛乳やらバターやら、肉やらを、食べなさい食べなさい、と、すすめにすすめる。

ところが、都会の子たちは、はねまわって遊ぶ場所も得られず、さらには勉学の成績に親たちも学校も血眼《ちまなこ》となっているため、頭脳の中身はいろいろとつめこまれてふくれあがるが、一向に食欲が出ないのだそうな……。

むろん、日本のすべての子供たちが、そうだというわけでもあるまい。

◇

ところで……。

私のような、東京の下町の貧しい職人の家庭で育った者は、子供のころ、どのようなものを食べていたろうか。

私の場合、七歳の折りに、浅草で飾り職人をしていた祖父母のもとへ引きとられ、やがて、再婚に破れた母が帰って来て、家族六人ほどで、月に三十円から三十五円ほどの生活費であったという。家は祖父のものであったから家賃の必要はなかった。

先《ま》ず朝飯だが、熱い味噌汁《みそしる》に飯、香の物はおきまりとして、かならず焼海苔《やきのり》とか鉄火味噌とか、佃煮《つくだに》とかが膳《ぜん》に出ていたものである。

私が学校へ持って行く弁当は、焼海苔を飯の間にはさんだ、いわゆる〔ノリベン〕というやつ。またはネギ入りの炒卵《いりたまご》。または半ぺんのつけ焼。または焼豆腐を甘辛く煮しめたものなどであった。

およそ、牛乳など、口にしたことはない。

「牛乳というものは、病気のときでなくてはのむものじゃあない」

と、子供たちも考えていたし、親たちもそうおもっていた。また、のんでみても、すこしもうまくなかった。

夕飯には、イカのつけ焼、肉の細切れを玉ネギとじゃがいもと共に煮たもの。アサリのお汁《つゆ》などで、たまには、マグロの刺身も出た。こうした惣菜《そうざい》のほかに、白和《しらあ》えとか、朝飯についていたようなものがならぶ。

すこしおごろうというときは、母がデパートの食品売場で買って来たカツレツで〔カツ丼《どん》〕をつくったり、牛肉で白いシチューをつくったりした。

私も弟も、とうてい上の学校へは行けずに、十三歳のときから世の中へ出て行ったほど貧しかったが、ただの一度も、ひもじいおもいをしたことはない。

いつも腹いっぱいに食べ、そのころは、東京の町の何処《どこ》にでもあった草原や空地や材木置場や石置場ではねまわり、喧嘩《けんか》し合い、叫び、わめき、笑い、泣き、精気にみちみちていたものである。

これは、やはり母に感謝すべきなのであろうが、そのかわり私も弟も、これまで、ただの一度も病気にかかったことはない。

老母は、

「そのことが、なによりの親孝行だったよ」

と、いまもしみじみという。

そうした中で、私が、もっとも好んだ食べものは、やはりカツレツ、シチュー、カレーライスなどで、それにポテト・フライが好きであった。

いまも、肉屋で副業にしているコロッケやカツレツ、種々のフライなどの中に、ポテト・フライがあって、子供が買いに行くと二銭から売ってくれた。二銭で十くらいはあったろう。私は甘い物やせんべいを買うくらいなら、どんどん焼かポテト・フライを買って来た。

むろん揚げたてではないから、買って来たポテト・フライを火鉢にのせた金網の上でこんがりと焼く。それを小皿のソースへジュッとつけて食べる。実に、これがたまらなかったものだ。

いまも私は、ビールやウイスキーをのむとき、親ゆびの先ほどに小さく切ったじゃがいもをパン粉につけてからりと揚げ、ウスター・ソースで食べる。ことにビールにはよく合う。

午後になると、大森の海でとれたカニやシャコを売る声が町をながして来て、

「来たぞ、来たぞ」

と、祖父などはこれを待ちかまえてい、すぐに買ってゆであげ、三時のおやつに、みんなで食べたものである。

ハマグリやアサリは、まさしく、われわれにふさわしいものであって、焼いたり、お汁にしたり、ネギと味噌で煮て熱い飯へかけたり、ことに私は、アサリを細くうすく切った大根といっしょにさっと煮て、唐がらしをふりかけたのが大好物であった。

◇

それがどうだ。このごろは高級料理店で、ハマグリの酒むしなぞといって、二つか三つほど皿にのせられ、何百円もの値段になる。魚や貝は、それほどに貴重なものとなってしまった。

海も空も、自然という自然が汚染されつくし、のみ水さえもあぶないということになった上、世界的に人口は増加の一途をたどっている。

いまに、世界中の人間たちが、大自然から非常な痛撃をこうむるにちがいない。

私は、そのときまで、もう生きていたくない。

とにかく、魚はとれなくなった。人口は増えても魚をとる人びとは減るばかりである。

魚や貝類が高価なものになってくるのは当然で、この二月の中ごろ、所用あって四国の松山へ出かけた帰途、きびしく冷え込む岡山駅で一時間半ほど、夜行列車を待つ時間がとれたので、同行のF氏と二人、駅前の小料理屋へ飛込んだ。

ひげ面《づら》のおやじと少年二人が庖丁《ほうちょう》をとっていたが、鯛《たい》ちりを注文したら三キロもあるやつの片身をぶつ切りにして野菜と炊きこんでくれ、二人はおもわず、かぶりつくようにして、きれいに平らげてしまった。これと酒が五本、鉄火巻二人前で、合計四千円也《なり》。
二人とも、あまりの安さにびっくりした。
ということは、つまりそれほどに現在は魚が高いのである。

家庭料理

駿河《するが》の国（静岡県）は、気候温暖で地味にめぐまれ、山海の収穫がすばらしい。

「ですから、静岡では、家庭料理がおいしくなる。それで、料理店やレストランがおいしくないのですよ」

と、いつか静岡市の知人からきいたことがある。

そんなものだろうか。私にはよくわからぬが、たしかに、旅行者の眼から見ると、とびぬけておいしい料理も店も、ないようにおもえる。

しかし、このごろの大都市においては、客を自宅に招き、主婦の手料理でもてなす、ということがすくなくなったことはたしかである。

それぞれの名刺にも勤務先の所在と電話番号は記してあるけれども、自宅のそれが記してあるのはめったに見かけない。

男たちの交際、飲食の場所は、自宅外でおこなわれるようになり、その結果、おびただしい飲食店や酒場などが増えた。外国のことは知らぬが、これほどに、飲み食いをする店が多いのは日本だけではないだろうか……。

主人の帰宅が八時をすぎると、もう食事を出さぬ、という家庭もあるそうな。

八時以後は主婦のテレビ見物の時間だからだという。ほんとうなのか……。

私のところなども、夕飯後からは私自身の仕事の時間になるので、このごろは、お客もその時間をはずしてくれるが、それでも、夕飯どきになれば、家人の手料理で食べてもらう。

客をもてなさぬことがつづくと、どうしても主婦の料理の腕は落ちる。

独身者も家庭をもっている者もふくめての男たちが、芋の煮ころがしや、にぎりめしや味噌《みそしる》汁などの惣菜《そうざい》を外の店で金をはらって食べては、

「家庭の味」

だとよろこび、また、そうした店が繁昌《はんじょう》をし、軒をつらねているのも、男たちが〔家庭料理〕からはなれつつあることをしめしているのではないか……。

先ごろ私の知っている若者が結婚したら、若い細君が仕度をする朝飯といえば、パンとハムエッグ、コーヒーのごときもので、

「たまには味噌汁《おつけ》がほしい」

というや、細君が眼をつりあげ、

「あんな下等なものは、ダメ!!」

と、叱《しか》りつけてきたそうな。

ほんとうのことか……いや、彼が嘘《うそ》をいうはずはない。

それはさておき……。

近ごろ、暮しの手帖社《てちょう》で発行した〔おそうざいふう外国料理〕なる一冊は、まことに行きとどいた家庭料理書で、つくづく感心をした。

村上信夫《のぶお》（帝国ホテル）、戦美樸（王府）、常原久弥（大阪ロイヤルホテル）の三氏が指導した、味も色彩も豊かな百六十余におよぶ料理のつくり方を説明する文章を決定稿にするため、料理をつくりなれない同社の編集部員をわざと起用して、料理を何度もつくらせて見るのだそうである。

あとがきに、

「つくる人には原稿と写真だけをわたし、一切注意も何もいたしません……おいしく上手に出来ればいいのですが、手順がぬけているところや説明不足でわからないところが出て来ますと、そこで文章を書き直したり削ったり、ときには写真も撮り直して……」

ようやくに、決定稿ができたのだと書いてある。

これを買って来て、私はすぐ、家人につくらせて見た。いまのところ、つくらせたものはひらめのボンファム、パリーふう鶏《とり》ごはん、じゃがいもと牛肉のいため合せ、玉ねぎの入ったひき肉のカツレツなどだが、いずれも、文章に書いたとおりにつくっ

てゆけば、

「カラー写真と説明の味わいとに、すこしも狂わぬものができる」

と、家人はいった。

それでいて、オートマチックやインスタントではないのだから、材料の買出しから調味の仕方まで全部、つくる人の手にかからなくてはできあがらぬ。だから自然に、つくる人の腕があがるようになっている。

一昨日は〔カニどうふ〕をつくらせた。

とうふとカンヅメのカニを、軽い塩味で煮て、クズをひいた中国ふうの、実にしゃれたものだ。

これを青磁色の大きな器に入れて、家族たちと食べた。

「全部で、いくらかかった？」

ときく。

「ひとり百円ぐらいですね」

と、家人。

昨日は、新国劇の若い人たちが来たので〔揚げ鯛《だい》の甘酢かけ〕をつくった。

鯛のかわりにひらめを代用して、全部で五人がたっぷりと食べ、ひとり前二百五十円ぐらいだったそうな。

今日は〔ジャワふうカレーごはん〕なるものをつくるという。あと二時間で、それを食べることになる。期待が大きい。なまつばが出はじめたところだ。

私の家では、このほかに、矢橋豊三郎著〔料理の精妙〕(第一出版刊)を利用している。

この本は文章も簡潔をきわめてい、写真の撮り方もうまくはないが、利用価値は非常に大きいそうだ。

日本調理界の長老である著者が、惜しみもなく、だれにでもわかるように秘伝を記しているからだ。

ともあれ、主婦が家庭料理に腕をふるうようになると、すくなくとも、申しわけのように浅草紙のごとき海苔《のり》が貼《は》りついた〔にぎりめし〕や、なんのうまみもない〔味噌汁〕を金をはらってありがたがることはなくなり、そうした店の、例外はむろんあるが、ほとんどがまずい料理は、もう売れなくなってしまうにちがいない。

ひとりで私が外食するとき、家庭では得られない火力や設備や技術を必要とするものしか食べない。

カツレツ、日本・中国のそば類、鰻《うなぎ》、すしなどである。

大阪から京都へ

ここ数年、京都へは数知れず足をはこんでも、とんと大阪へは立寄らなくなってしまった。大阪も東京と同じように凄《すさ》まじい喧噪《けんそう》の都会となり果ててしまったからであろう。

しかし、一時期の私にとって、大阪は東京のつぎになつかしい街であり、消えがたい数々の思い出を残している都会でもある。いまの私は時代小説のみが〔本業〕となってしまったが、十余年前までは、ほとんど新国劇の脚本を書き、演出をして暮していたのである。

そのころは、新国劇が戦後の絶頂期を迎えたときで、商業演劇の劇団としては、公演のたびの好評、大入りをとり、年のうち一カ月をむりに休暇とした残りの十一カ月、ほとんど大劇場公演をもつことを得た。

当時は、仕事をするのにも充分に手間暇がかけられたもので、たとえば、翌月の東京公演に新作を発表する場合は、前月の名古屋か大阪の公演の終演後に連日のごとく稽古《けいこ》をつづけ、さらに東京へ帰って来て、初日までの一週間ほどを、たっぷりと稽古につかうことができたものである。

私も、大阪新歌舞伎座《かぶきざ》で公演している劇団について行き、半月も二十日も大阪にとどまり、脚本を書いたり稽古をしたりしたものだ。

そのときの常宿は、道頓堀の北、相合《あいおい》橋の北詰の玉屋町にあった〔大宝《だいほう》ホテル〕という小ぢんまりした宿であった。

ここは劇場街にも近いので、劇界の人びとが多く利用した。浴室つきの部屋などはなく、料金も安く、女中たちも事務服を着た少女ばかりで色気も愛想もない。それでいて、この宿へ泊ったら、二度と他の宿へ移る気もちになれなくなるという、実に、ふしぎな旅館であった。

主人は青木政勝といって六十がらみの、色白の優男《やさおとこ》で、女将《おかみ》はおかつさんといい、でっぷりとした気さくな、しかしまことに気の強い人で、この二人が無類の潔癖家ときている。

いま、最高級の旅館の部屋へ泊っても、敷布と枕《まくら》カバーは新しいのと替えるが、掛けぶとんのカバーは、ほとんど替えない。前に何人もの客が掛けたふとんにくるまってねむるのは、私など、どうもいやでたまらない。

ところが〔大宝ホテル〕は、客がだれであれ、毎夜かならず、夜具のカバーというカバーは全部替えてしまう。しかも、クリーニングに出してノリもアイロンもすっきりとかかったのと替えてくれる。三日泊れば三回替える。食事は自由で、部屋代だけが宿泊の基準となるのは純ホテル同様のシステムで、昼夜ぶっ通しに玄関を開けておいてくれるのが、芝居関係の人びとには、何よりも便利であった。亡《な》くなった市川寿海氏も、片岡仁左衛門《にざえもん》、尾上多賀之丞《たがのじょう》・菊蔵父子《おやこ》などの諸優も、この宿の常客であって、朝になると仁左衛門氏が読経《どきょう》をする声が朗々と廊下にひびきわたったりしたものだ。

老優・多賀之丞氏は、チキン・カツレツが好物らしく、その部屋の外の廊下に、すこし食べ残したチキン・カツレツの皿が出ているのを、よく見かけたものである。

今度、五年ぶりに大阪へ来て、先《ま》ず出かけて行ったのは、〔大宝ホテル〕の旧跡であった。七年前に廃業したホテルは、いま〔グリーン・ハウス〕という貸ビルになってしまい、主人がこれを経営しているが、老いた女将のおかつさんは京都へ引きこもってしまった。

地下室の事務所へ行って見ると、そこにいるはずの絹ちゃん（むかしから宿の女中をしていた唯一《ゆいいつ》の残存者）は、いま腕の骨折の治療に京都の病院へ入っているということであった。むかしをしのばせるものは、何ひとつ残っていない。

それにしても、宗右衛門《そうえもん》町の、しっとりとしたにぎわいは、もはや、

「薬にしたくも……」

なくなっていた。

ところで私は、このあたりに焼鳥やの〔樹《き》の枝〕が、小さな店をかまえているときいたことを、おもい出した。

むかし、〔樹の枝〕は法善寺横丁の近くの路上で屋台を出していたものだが、夕方、よほど早くに飛びこまぬと、つぎからつぎへつめかける客で、ここのすばらしい焼鳥を食べることができなかったものだ。

見るからに苦《にが》っぽい亭主が愛想ひとついわぬばかりか、客に嚙《か》みつきそうな面《つら》がまえで鳥を焼く。そのそばで、これもまた不愛想きわまりないおかみさんが、黙念と鳥へ串を打ち、酒の仕度をする。

それでいて、客足は絶えなかった。

それほどに、ここの焼鳥はうまかった。

それに茄子《なす》の漬物がなんともいえずにうまい。おかわりをたのんだら、三度目に、おやじが、

「もう、あきまへん」

じろりと、私を白い眼でにらみつけたものだ。

キャバレー・メトロの横に入った右側に、私は〔樹の枝〕の店を見出《みいだ》した。小さい店ながら、もはや屋台ではない。

そっと戸を開けると、亭主夫婦が、むかしのままの面がまえで、開店の準備にかかっていた。

「いつから、店を開ける？」

問うや、おかみさんがにべもなく、

「六時からやけど、八時までは、すわるとこない」

と、いった。亭主がこちらを見て何やらぶつぶついうのを背中にきいて、私は引返した。依然、繁昌《はんじょう》をきわめているらしい。

道頓堀へ出て、私は、これも久しぶりに〔さの半〕の店の前へ出た。

ここは大阪・南で名代の店だが、あまり他国の人びとは知らぬ。

〔さの半〕は、百年もつづいたかまぼこ屋である。私は、ここの〔赤天ぷら〕が大好物で、むかし大阪に滞留するとき、これを買って来て、宿の朝飯に大根おろしといっしょにつけさせたものだ。

〔赤てん〕は、東京でいう〔さつま揚げ〕というやつ。

〔さの半〕のは冷凍の魚をいっさい使わず、はも、ぐち、にべなどの魚をねりこんだ逸品である。もちろん、デパートなどへは出さぬ。

(旅先で荷物になるな)

おもいつつも、私は〔赤てん〕と〔焼ちくわ〕を一包み買いもとめようとするこころを押え切れなくなっていた。

二日後、帰京して〔赤てん〕を火に焙《あぶ》り、おろし醤油《じょうゆ》で食べたとき、私は十何年も若返ったような気もちになった。食べものと人間のこころのむすびつきは、まことに、奇妙なものである。

◇

〔さの半〕の〔赤てん〕を買ってから、私の足は南の盛り場を当《あ》て所《ど》もなくさまよいはじめている。大阪のどの町角、どの店にも、芝居の仕事をしていたころの自分の姿がしみついているようなおもいにさえとらわれる。

私が戦争から帰って来てこの世界へふみこんだのは、二十七歳のころであった。それからは直木賞を受賞して小説のほうへ転ずるまでの十年間、ほとんど新国劇と共に歩みつづけて来たといってよい。

そのころの新国劇は、あぶらの乗りきった島田正吾《しょうご》・辰巳柳太郎を頭に、座員一同熱気がみなぎっており、若い研究生なども、いまだに、こういう。

「もう毎日、楽屋へ出て来るだけで、胸がわくわくしたものです」

北条秀司《ひでじ》、中野実、八木隆一郎、宇野信夫《のぶお》などの劇作家が劇団へ提供する新作もつぎつぎに好評をもって迎えられ、私も、これら先輩にまじり、それこそ火の玉のように仕事へ打ちこんだものである。戦前の株屋だったころの自分とは（まるで、ちがった人間になったよう……）なおもいが、自分でもしていたものだ。

島田や辰巳など二十近くも年がちがう大先輩を相手にして、あまりに強《きつ》く立向うものだから、若いやつが生意気な、と二人もずいぶん手をやいたことであろう。しかし、このときの私がなかったら、とうてい、その後に小説の世界へ転じてからの自分はなかったと、いま、しみじみとおもう。

いまの私は完全に、戦前の気分にもどってしまった。

ふと、気がつくと、私は千日前の辻《つじ》を東へ入った〔だるま〕の前に立っていた。淡い夕闇《ゆうやみ》の中に、この飯やだけは古風な、以前のままのかまえを凛々《りり》しく見せて、中へ入れば十余年前がそのままに存在していた。

中央のガラスケースへ、ぎっしりとならべられたタイの子の煮つけ・タコとフキのたき合せ・玉子やき・鶏《とり》の肝・ホタルイカ・竹の子とフキなど一皿百円の惣菜《そうざい》に、アワビのおつくり・タイのあら煮が最高の五百円。この中から好きな皿をとり出してきて、ビールか酒。そのあとで赤出しに名物の〔かやく飯〕を食べ、味も値段も腹ぐあいも、すべてがみち足りたおもいで外へ出るのである。

私は、店へ出る前のホステスがひとり、かやく飯にタイのあら煮をおごって、出勤前の腹ごしらえをしているのをながめながら、タコと竹の子でビールをのんだ。

◇

街に、灯がともりはじめた。

難波新地の御堂筋《みどうすじ》・東側のコーヒー店〔サンライズ〕の前へ来て、私はおどろいた。〔サンライズ〕がなくなってしまった。コーヒー店のかわりに手打ちラーメンの店があった。

朝に昼に夜に、私は、ここでコーヒーをのんだものだ。朝行くと、すでに辰巳柳太郎がいて主人夫婦を相手に、

「もういかん、いかんよ。よっぽど若い女《の》でなけりゃあ、いかんようになってしまった……」

などと、気焔《きえん》とも嘆きともつかぬ大音声《だいおんじょう》をはりあげている。

昼は、御堂筋の向う側の〔大黒〕で、熱い粕汁《かすじる》にかやく飯を食べ、またしても〔サンライズ〕へ行く。夜、稽古《けいこ》前にまた一杯……。

久しぶりで主人夫婦の顔を見ようとおもっていたのに、と、がっかりしたが、近年、宗右衛門町に支店を出していたことをおもい出して、そこへ行って見ると、やっていた。

ここはたしか、主人の姪《めい》ごさんが経営をしている。

「本店は、やめてしまったのだね？」

「はあ、叔父も叔母も、千里のマンションへ引きこもってしもうて……」

「そうか……」

「いま、電話してみます」

間もなく、電話の向うから主人の声がながれてきた。細君が病気がちなのと、大阪が、このところ、やたらに、

「気忙《きぜわ》しい……」

街になってしまったので、おもいきって引退したのだという。

「辰巳先生に、よろしゅう……」

と、主人が電話の向うでいった。

〔サンライズ〕のコーヒーと辰巳柳太郎と夫婦《めおと》ぜんざい。この三つは、

「切っても切れない……」

ものなのである。

夜に入ってから私は、旧知の藤野氏と、この食卓の情景の担当者である編集部のSさんの二人と落合った。

藤野氏は私同様、東京に生れ育った人で、年齢はさて、私より三つ四つは上であろうか。ある新聞社の大阪の部長さんで、目下西宮に独りずまいである。

いかにも、むかしの東京人を目《ま》のあたりに見るおもいがする人である。美男子でおだやかで気前がよくて、奥さんを大事にして、気がおけなくて、酒が強くて品がよくて……いやもう、私にいわせれば、いうことがない人だ。

すぐる日。

藤野さんと前に京都で会ったとき、期せずして両人が、しかも時を同じくして、吉原へ通いつめていたことがわかった。

「あなた、店はどちらでした?」

「T楼です」

「へへッ……これはおどろいた。藤野さん、私もですよ」

「うへ……」

「あいかたはなんという?」

「ま、それは……」

と、藤野さんは美しい老顔をあからめて、わずかに手をあげ、私を制した。

「む。同じ妓だったということになりかねませんものね」

「さよう……」

いっぽうのSさんは、私より十五も年下の若さだが、この人が朝日へ入社して間もなくのころ、二人して加賀の金沢へ取材に出かけたことがある。

帰京の前夜。Sさんが「明日、列車の中で食べる弁当は何がいいかなあ」と、つぶやいたのをきいて、私はすぐに、この人が好きになってしまったものだ。

三人は、ネオンのかがやく御堂筋を北へすすみ、淡路町の〔丸治《まるじ》〕へ向った。

〔丸治〕は、船場《せんば》の商家がたちならぶ一角にある料理屋だ。

このあたりの夜の闇は、いかにもしずかなものである。

◇

京の〔万亀楼〕が、西陣の商家の料理屋とするなら、大阪の〔丸治〕は船場の町料理である。

あたりの商家とまったく変らぬ店がまえで、〔丸治〕の表札のみの、看板もなくのれんも掛かっていない。

ただ、格子《こうし》窓からもれる灯のあかるさが、客を待っている。

中へ入ると、板石を敷きつめた入れこみに、厚さ五寸の欅《けやき》の一枚板の大きな食卓が三つ。それを、つくりつけの腰掛けがぐるりとまわっている。

二階にも客座敷があるけれど、むかしから私は、この入れこみで酒食をするのが好きであった。

気がおけなくとも、塵《ちり》ひとつとどめぬ店である。

食卓の上に、セルロイドを小さな短冊に切って一束にした〔品がき〕があって、これをめくりながら、食べるものを決める。先《ま》ず酒をはこんでもらい、突出しでゆっくりとのみながら（あれとこれを……）と、そのときの躰《からだ》の調子に合わせて口へ入れるものをきめてゆくたのしさも、この店のおかみさんや女中たちの行きとどいた客あつかいがあるからだ。

そのくせ、ここのサービスは、まるで自分の家へ帰ってうまい酒、うまい料理を食べているような気分にさせてくれるのである。

いつであったか……。

茶人気どりの中年男が二人づれで入って来て、酒をのみながら、

「ここの料理はうまいが……」

といってから、店内の装飾や、花の活《い》け方や、板石の上へ水をうってないことなどをいいたてたあげく、

「すぐに、水をうったがよろし」

と、おかみさんにいった。

気だてのおだやかなおかみさんは、いささかもさからわず「へえ、へえ」とこたえ、裏へ入って水桶《みずおけ》を持出して来たら、その後を追いかけるように、あるじが走り出て、

「水など、うたんでもよろし!!」

低い声だが、きびしくいいはなち、水桶を引ったくって奥の調理場へ去った。

みずから精魂こめて庖丁《ほうちょう》をとる主人は、めったにおもてへ顔をあらわさぬ。だが、このときはたまりかねたのであろう。

〔丸治〕は、気取った懐石料理屋ではないのである。

藤野さんもSさんも、先ず、あぶらめ（鮎並《あいなめ》）の刺身をとった。

酒は、むかしから菊正の樽《たる》である。

わかめと若竹の吸物も、さらしくじらの酢味噌《すみそ》も、むかしそのままに変りなくうまい。

〔だるま〕も〔丸治〕も、〔さの半〕も持続の美徳を奉じて、面《つら》がまえもたのもしく、貧乏ゆるぎもしていなかった。

◇

〔丸治〕を出てから、私は、ふとおもいついて、二人をさそい、お初天神の玉垣ぎわにある〔阿《あ》み彦《ひこ》〕へ行った。

この店も独自の商売をしている小さな店である。ずいぶんと長い間、ここで商売をしていて、むかしは、焼売《シューマイ》一点張りの店であった。

豚肉、ねぎ、しいたけを皮に包んでむしあげた小さなシューマイを、客の前で熱いフライパンで炒《い》りつけ、からしじょうゆで食べさせる。これに豚の背骨からとった白いスープがついて、たしか、ずっとむかしは一人前・五十円ではなかったか……。

押すな押すなの盛況であった。

さいわい、夜もふけかけていたので、三人とも椅子《いす》にかけることができた。

三人で、みやげの折りをふくめて四人前の勘定が、三百六十円ほどである。すこしは値も上がったのだろうが、主人の商売の仕方はすこしも変っていない。

〔阿み彦〕の主人の、戦前戦中の人生がどんなものであったか知るよしもないけれど、この人はたしかに、何か一つにきびしい哲学をもっているにちがいない。

それだけに、シューマイも実に個性的なものだ。

通常の円型ではなく、皮を包んで指でひねりあげた感じが、はっきりと痕《あと》をとどめていて、おもしろいかたちをしている。

それを大フライパンの強烈な熱で、さっと焼くのが、いかにもこのシューマイの型にぴったりとした味わいをかもし出しているのだ。

〔阿み彦〕と向い合っているおでんやの〔常夜燈〕も、なつかしい店であったが、さすがにお腹《なか》のほうが承知しなくなっていた。

しかし、Sさんの手には〔だるま〕で折りにつめさせた〔かやく飯〕が残っている。

「さて、これを、どこで食べましょうか？」

と、Sさん。

「それじゃあ、〔谷〕へ行こう」

藤野さんがいった。

「あ、そうだ。それがいいですね」

〔かやく飯〕をぶらさげたSさんは、勢いよく歩き出した。

お初天神からも程近い北の梅ヶ枝町の鉄板焼〔谷〕は、藤野さんやSさんの〔巣〕であるらしい。

ここも、一日はたらいたのちの疲れを、酒やビールにいやす人びとがぎっしりとつまっていた。

中年……といっても、美しいママが女の子やおばさんたちの先頭に立ち、きびきびと立ちはたらき、なごやかに客あつかいをしている。

われわれは、〔谷〕の鉄板焼とおでんで、かやく飯を食べた。それから、梅田の盛り場をぶらぶらしたのち、

「アパートに、今日は東京から家内が来ていますので……」

と、ほろ酔いの藤野さんは〔阿み彦〕のシューマイのおみやげを手に駅の中へ、いそいそと消えて行った。

つぎの日……。

大阪から京都へ入った私は、ひとりぶらぶらと四条大橋を西へわたっていた。

すると、うしろから追って来た足音が私の前へまわって、

「こんなところで、お目にかかるとはおもいませんでした」

「や……片岡君か」

それは、私の友人で片岡一(仮名)といい、ある大手の会社の販売部につとめている。

「ちょうどいい。どこかで飯にしよう」

といったとき、私は、これまで機会がなくて行けなかった鷹《たか》ヶ峰《みね》の料亭〔雲月〕へ行ってみようと、おもいたった。

京都も、年毎《としごと》に東京と大阪へ近づきつつある。国籍不明の風俗と建物が山や川を押し退《の》け、古い都の名残りをとどめる唯一《ゆいいつ》の町を侵蝕《しんしょく》しはじめてきた。

このときのことを考えて、

「いまのうちだ」

と、私は十年も前から暇あるごとに京都へ通いつめたものであった。

しかし、洛北《らくほく》の鷹ヶ峰まで来ると、依然、むかしの風致はうしなわれていない。

四条河原町の繁華街からタクシーで二十分ほどで、この別天地へ身を置くことができる。ここが京都のうれしいところだ。

〔鷹ヶ峰〕とは、京都市北区紫竹《しちく》の西北、西賀茂の西方にあたり鷹ヶ峰・鷲《わし》ヶ峰《みね》・天ヶ峰の三山を背にして、市中を見はるかす高原ふうの村落のことをいう。

むかしむかし……徳川家康《いえやす》が、工芸家・本阿弥光悦《ほんあみこうえつ》に鷹ヶ峰の地をあたえた。工芸のみならず刀剣の鑑定、絵画、書道など多彩な芸術の第一人者としての光悦の偉大さは〔天下人《びと》〕の家康をさえ屈服せしめた。

光悦が、一族・門弟たちをあつめ、鷹ヶ峰に来住して芸術村をつくりあげ、つぎつぎにすばらしい作品を生み出したことは、だれ知らぬものはない。

私は、金閣寺の裏山づたいに氷室《ひむろ》への道をたどって鷹ヶ峰へ出るのが大好きであった。北山の峰々にすっぽり抱きこまれたかのような山道には、行楽のシーズン中でも、めったに人影を見ない。

三年ほど前の年の暮れであったが、私は〔その男〕という長篇小説にとりかかる前のことで、その構想になやみぬいていたことがある。

折りしも京へ来て、氷室道を歩き、鷹ヶ峰の本阿弥光悦ゆかりの光悦寺まで来たとき、突然に、一瞬のうちに〔その男〕の構想がまとまった。私の場合、構想といってもノートをとったり、始めから終りまでの形態が出来たというのではなく、「瞬間の感覚」として、あたまの中へ浮び出てくるのである。

それを待つまでが苦しい。しかし、日々を一心におもいつめているから、いずれはそのときが来てくれるのだ。

むろん、書きはじめから何度も苦しみぬくが、その苦しさは、開始前のそれとはくらべものにならない。

そのころはまだ、料亭〔雲月〕は、金閣寺前で営業をしていたこととおもわれる。その店がまえを外から見たことは何度もあるが、一度も食べたことはない。

〔雲月〕は、鷹ヶ峰の常照《じようしよう》寺のとなりにあって、絶世の遊女・吉野大夫《だゆう》の墓が、私たちの通された座敷からのぞまれた。

見事な建築である。数寄屋《すきや》ふうであり、武家屋敷ふうであり、豪壮な民家ふうであり、それらが渾然《こんぜん》となって見事な調和をしめしている。

市中から電話で予約したら、折りよく座敷もあり、材料も間に合うとのことで、すぐに私たちは曇り空の下を鷹ヶ峰へ来たわけであった。

その日の献立は次のごとし。

〔突出し〕　グリーン・アスパラ、ごまどうふ、大豆、あわび。
〔吸物〕　くみあげ湯葉。
〔造り〕　明石《あかし》鯛《だい》、岩茸《いわたけ》、ウド、わさび。

〔たき合せ〕 わかめ、竹の子、木ノ芽（これがすばらしかった。大鉢へ竹の子とわかめをもりつけ、その上へ、木ノ芽がひとつかみほどもたっぷりともられ、その木ノ芽の香りが、ひろい座敷中にただよいながれた）。

〔八寸〕 桜花を一枝に、セロリ、白魚、烏賊《いか》のうに焼。

〔酢のもの〕 春菜の味噌和《あ》え。

〔焼物〕 うなぎの八幡巻《やわたまき》。

〔しそ御飯〕に、たくあん、キュウリ、わらびの香の物、果物はメロンとイチゴ。

自家製の菓子に薄茶。

〔雲月〕の料理は、女主人みずから庖丁をとってつくる。もともとは主婦であったが、料理好きが昂《こう》じ、寺方の精進料理を長らく修業し、さらに大阪の名流料亭へ入ってみがきをかけたそうな。

はじめは精進料理のみだったらしいが、いまは魚介もとり入れ、野菜を主とした献立をととのえている。

食べすすむにつれて、いずれも、たしかにうまい。

庖丁をとる女主人の張りつめた神経が、どの客にも、たちどころにわかるはずだ。

給仕するのは、紋つきに袴《はかま》の男たちで、その風体《ふうてい》の違和感はさておき、給仕ぶりはすがすがしくさわやかなのである。

料理と建物と給仕と……そうした演出の違和感も、年を経るごとに、きっと落ちついてこよう。

なんといっても、

「うまいものはうまい」

のである。

勘定は決して安いとはいえないが、また安いともいえる。

すがすがしい座敷で、北山しぐれにけむる鷹ヶ峰の風景をながめながら、われわれは約四時間もかけて、ゆったりと酒をくみかわし、料理を食べたのである。

「どうだ、うまかったかい？」

と、私が若い友人の片岡君にきくと、彼は、はにかんだようにうつ向き、

「ええ。ですけど……ですけど、ぼく。納豆《なっとう》と味噌汁が食べたかった。でも、いいんです。明日の朝は、宿で食べられるから……」

「新婚半年で、朝の味噌汁と納豆が食えねえのか？」

「ええ。ワイフがそんなものは下等だからといって……毎朝、ハムエッグとトーストと、それから……」

「勝手にしやがれ」

と、私は舌うちをし、

「君のような若いのを、おれは二人も三人も知っている。食べたくないものが出たら食卓《おぜん》を引っくり返せ。それでないと、一生、食いたいものも食えねえぜ」

「はあ……」

片岡君は、悄然《しょうぜん》と北山しぐれに見入ったままであった。

チキンライス

東京の下町に生れ育った私など、幼少のころに口へ入れた洋食というものは、近所の洋食屋のカツレツかカレーライスか、たまさか母親につれて行かれる上野・松坂屋のお子様ランチぐらいなものであった。

さて、この〔お子様ランチ〕なるものに、かならず型でぬいたチキンライスがそえてあったものだ。いまもそうらしい。

ところが私は、このチキンライスが大きらいであった。

トマトケチャップの匂《にお》いが、どうにもきらいだったのである。

旧制の小学校を出て、すぐさま兜町の杉一商店（これからも株屋時代のことを書くときは、すべて仮名をつかうことにする。いろいろと、さしさわりもあるので）へ入り、そのときから私の株屋暮しがはじまるわけなのだが……。

戦前の株屋が、どのようなものであったか、知る人ぞ知るであって、つとめている店には内密で、私も十七歳のころから友だちといっしょに相場をやりはじめたものだ。

それはもう、こんなに結構な商売はなかった。

母が、

「学歴のない者は株屋にかぎる」

といったことばを、私は、つくづくと、

（そのとおりだ）

と、おもい返さずにはいられなかった。

小僧の身分にしては、分不相応の金が入る。

むろん、われわれのする相場なぞ、大したことはないのだが、それにしても、十六、七から海軍にとられるまで、私は、その四、五年間が十年にも十五年にも匹敵するほどの毎日を送ることができた。

「あのころに、お父さん（私のこと）がすこしでもお金をためていれば、いまごろは家の十軒も建っていたのに……」

と、よく老母がいう。

そのくせ、母は、

「一文も、私に入れたことがない」

という。

まことに、奔放自堕落をきわめたものであって、自分の店では、まじめ顔につとめていたけれども、いま、そのころの私をおもい返すと、冷汗がふき出してくる。

だがしかし、その冷汗が、いまの私の、時代小説を書く職業に、どれだけ役立っているいることか……。

おもえばしあわせなことだというよりほかはない。

こういうわけで、株屋になってからは、ずいぶん諸方の洋食を食べ歩いたけれども、私がいちばん好きだった昭和通りの〔味の素《もと》ビル〕の階上にあったレストラン・アラスカでも、トマトの匂いのする料理は、いっさいうけつけなかったものだ。

◇

やがて戦争となった。

私は、召集令状をうけとったとき、株屋から徴用をうけ、K製作所の旋盤工となっていい、折りしも岐阜県・太田へ出張し、その土地の徴用工たちへ旋盤を教えていたのである。

海軍の召集であったから、横須賀海兵団へ入団するまでに約半月のゆとりがあった。そこで私は太田を出て、先《ま》ず飛驒《ひだ》へ遊びに向った。高山《たかやま》の先の古川の旅館〔蕪水亭《ぶすいてい》〕に一泊した。この宿で、当時、私が泊った〔離れ〕がそのままにいまも残っている。三年ほど前に訪れて、久しぶりに、その離れの炉端で熱い朴葉《ほおば》味噌《みそ》で酒をのんだのである。

翌日。ふりつもる雪の中を飛騨・高山へ出た。

宿は遊廓《ゆうかく》。妓《おんな》たちが私の千人針を三日でつくってくれた。

そこを根城にして、私はわらの雪沓《ゆきぐつ》をはき、積雪の高山を歩きまわったものだ。

そのときの、雪と氷柱《つらら》に埋もれつくした高山の町の姿が、いまも夢のように美しく浮んでくる。戦後も数回、高山をおとずれている私だが、あのときの雪の高山は、まるで別の国の、別の町のような気がしてならない。

雪の中を歩きまわって疲れると、私は、妓が教えてくれた〔アルプス亭〕という洋食屋へ行った。

なにしろ当時は、もう食糧が不足していて、好ききらいなぞいってはいられなかったが、高山の町には、なぜか鶏肉が豊富であった。

〔アルプス亭〕のメニューは、チキンライスとコーヒーとスープのみ。

そこで仕方なく、チキンライスを食べたのだが、おもわず、

「うまい!!」

と、叫んだ。

それはそうだろう。もうなんでも口へ入るものなら、うまかった時代なのである。

プリプリと歯ごたえのある鶏肉がたっぷりと入り、トマトケチャップで熱く香ばしく炒《いた》めた飯を、あたたかく燃えているストーブの傍《そば》で食べるたのしさ、うまさ、うれ

しさというものは、たとえようもなかった。

以来、私はチキンライスが大好物となった。

ことに、旅へ出ると、毎日でもよい。

◇

同行の人びとが、

「またですか」

と、笑う。チキンライスなぞ、子供が食べるものとおもっているにちがいない。

レストランで、いろいろ香料をまぜ合わせた上等のチキンライスよりも、私は、トマトケチャップだけで炒めたやつを、田舎の食堂などで食べるのが好きだ。

土佐の佐川の町の食堂で食べたチキンライス。上州・沼田の町外れの飯やの小母《おば》さんがつくってくれたチキンライス。信州・松代の町の、そば屋にあったチキンライスなど……それぞれにおもい出のふかい味を残してくれている。

それにしても、だ。

ひっきょう、われわれが食べる物の好みには、人それぞれの心情が強く深く影響していること、これは事実だ。

それぞれに好む食物、料理などから、その人たちの心情を、ひそかに察して見るのはたのしいことでもある。

ところで私は、東京にいるとき、あまりチキンライスを食べない。

旅の空の下で、チキンライスは、私と切っても切れないものになるのである。

とんかつとカツレツ

もう十七、八年も前のことだが、私の書いた〔渡辺崋山《かざん》〕という脚本を、新国劇で上演したことがある。

これは私と、主演者の島田正吾氏が崋山が大好きだったことから生れた企画であったが、現在の商業舞台には、とても乗せられぬしろもの
であった。もっとも、いま読んでも、私はこの脚本が好きなのだが、暗くて地味な二時間何十分を、島田の力演が必死でささえ、

「ああ、もう……実に、くたびれます」

と、島田正吾が、げっそりと鏡台前でいったのを、いまにしておもい出す。

各紙の劇評は、さんざんであったが、その中で、亡《な》き本山荻舟《もとやまてきしゅう》氏のみが、ほめてくれたときのうれしさは、当時、芝居の世界へくびを突きこんだばかりの私だっただけに、いまも忘れられない。

本山荻舟氏は、いまでいう〔剣豪小説〕の先駆者で、すぐれた劇評家で、さらに食味研究家として世に知られている。

私の亡師、長谷川《はせがわ》伸の親友でもあって、いつであったか長谷川師が、私に、こんなはなしをしてくれた。

「むかしね、君。荻《てき》さん（本山氏のこと）といっしょに名古屋へ行き、用事をすませて、ぼくは名古屋泊り。荻さんは東京へ帰るというんで、夜ふけに、名古屋駅の前でさよならしたんだ。翌朝、ぼくが宿を出て駅へ行くと、荻さんはまだ待合室のベンチに腰をかけているじゃあないか。ぼくがおどろいて、荻さん、どうしたんです？……こういうとね、荻さんいわく。昨夜から此処《ここ》で東京行の汽車を待っているうち、ついウトウトしてしまうと、汽車が入っている。あわてて駆けつけようとするのだが、いや待て、ここで急いで怪我《けが》をしてもはじまらない。つぎの汽車にしようとベンチへかけると、またねむくなる。つぎの汽車も、またつぎの汽車も、このくり返しで、とうとう朝になってしまった……と、こういうんだよ。あは、はは。さすがに荻さん、一刀流だね」

本山氏は食道楽が昂《こう》じて、ついに銀座で〔つたや〕という小料理屋をはじめ、みずから庖丁《ほうちょう》をとったこともあるが、

「それがね、うまくないのさ。荻さん、食いものの知識と講釈は群をぬいていたが、庖丁をとらせると、からきし、いけなかったねえ」

と、これも長谷川師のことばだ。

その、本山荻舟氏が、ポーク・カツレツについて書かれた文章に、

「……豚肉を好みの厚さに切り、形をととのえ、うすくメリケン粉をまぶした上に、つぶした鶏卵をぬりつけ、さらにパン粉をまぶし、熱した油でカラリと揚げる。油はラードがよい。わが国では大正十二年（筆者の生れた年なり）の震災後、ことに豚肉が流行し、折衷的にトンカツとよばれて独立した専門店が発生するに至った。皿に盛った付合せにはサラダ菜、キャベツ、トマトなどを用いる」

と、ある。

先《ま》ず、こんなところであろう。

なんといっても、私の、もっとも好む食べものがこれだ。

ところが、このポーク・カツレツなるものは、調理が簡単なようでいて、家庭でやるとなると、

「うむ……」

と、うなり声をあげるようなのは、なかなかにできない。

家で食べたいとおもうときは、私は、むしろ、肉屋で副業に売っているカツレツを買って来させ、カツ丼《どん》にしてしまう。これが、いちばんよい。

ポーク・カツレツは、やはり専門的な調理設備のないところでは、うまく行かぬものらしい。

ポーク・カツレツ、またはトンカツ専門の店として知られる名店は、東京に、いくらもあって、それぞれにうまいし、また、それぞれに味が個性的なのである。豚肉を揚げただけのものが、これほどに、店によってちがうものか……と、おもうほどにちがう。

だが、私が、もっとも好むポーク・カツレツは、銀座三丁目の〔煉瓦亭《れんがてい》〕と、目黒に本店をかまえる〔とんき〕のそれである。

〔煉瓦亭〕のカツレツは、私が十四、五歳のころから食べつづけてきている。ここは他の料理もいろいろとできるが、なんといっても皿からはみ出すほどの大カツレツが名物で、私も若いころは、これを三枚は食べたものだ。いまは一枚でもいけない。カツレツの上《じよう》を食べる。

この店の扉を開けたとたんに、ぷうんと鼻先へただよう香りこそ、まさに、戦前の、日本の洋食屋の、なんともいえぬ香りだ。

私にとっては、まことに貴重で、なつかしい、うれしい香りなのである。

狐色《きつねいろ》に揚がったやつにナイフを入れると、バリッところもがはがれる。これがたまらない。

ウスター・ソースをたっぷりかけて、キャベツも別に一皿、注文しておいて食べる。

ウイスキー・ソーダ二杯で、このカツレツを食べ、米飯を、ちょいと食べるのが、いつもの私のやり方である。

勘定、安い。

銀座の老舗《しにせ》の良心が、うかがえる。

つぎに、よく行くのは目黒の〔とんき〕だ。

あれは去年の三月であったか……四月の明治座の松本幸四郎公演に、久しぶりで〔鬼平犯科帳〕の脚本・演出を担当したとき、その顔寄せの日に、いまは亡き市川中車氏と久しぶりで会った。

中車氏の顔色は、冴《さ》えなかった。

病体をおして出演するのだという。

それをきいて私は、鬼平の舞台に出てもらうつもりでいた中車氏の役を、他の俳優に変えた。

中車氏は、翌月、国立劇場の〔髪ゆい新三《しんざ》〕の大家《おおや》で出演中に倒れ、亡くなられたが、その顔寄せの日に、二人して食べもののはなしが出たとき、

「トンカツは、どこで？」

と、中車氏がきいたので、〔煉瓦亭〕と〔とんき〕の名をあげたら、中車氏はぽんと手を打ち、

「〔とんき〕の他《ほか》のトンカツは、みんなダメですよ」

と、いったものだ。

◇

今は亡き市川中車礼賛《らいさん》の〔とんき〕のカツレツを、私が、はじめて口にしたのは、もう二十年も前のことだ。

当時の〔とんき〕は、まだ戦前のままに古びていた国電・目黒駅と背中合せにあった。

裏手は崖《がけ》で、崖の下に国電が通っていた。

バラック建の、小さな店で、表口から入ると鉤《かぎ》の手に食卓がまわり、その中で、小《こ》肥《ぶと》りの主人が、カツレツを揚げていたものだ。

まあ、こうした店であったが、中へ一歩入ると、まるで新築の木の香がにおうような、清潔な店であった。

いつ行っても、よくよく手入れがゆきとどいてい、その白木の食卓の内側に、半袖《はんそで》の白いブラウスに黒のスラックスというユニホームを身につけ、髪を白い三角巾《さんかくきん》でおおった乙女たちが、いそがしく立ちはたらきながら、客の接待をしていた。

このスタイルは、二十年後の今日も変っていない。

〔とんき〕では、ロースとヒレと、串《くし》のカツレツのみしか出さない。

多くの料理を増やすことによって、ほんらいの売物への神経が散ることをおそれているのだ。

ここのカツレツは、どちらかといえばトンカツ風で、ソースも自家製のとゝろゝりゝとしたものを出すが、カツレツの厚さは、銀座の〔煉瓦亭〕より少々厚みがかっている程度だ。私は、あまりに肉の分厚いカツレツを好まない。

好きずきであるけれど、厚い肉をじっくりと、やわらかく揚げると、いかな店のそれでも、あぶらのにおいがついてしまう。

こうした点、〔とんき〕のカツレツは、あぶらの煮え加減や揚げ加減に、じゅうぶん神経をつかっているさまが、客の眼から、はっきりと見てとれる。

「なるほど、これだから、家庭ではうまく行かぬはずだ」

〔とんき〕へ行くたびに、私は、いつもそうおもうのである。

近年になって……。

目黒駅が大改築をしたため、〔とんき〕は、少しはなれたところへ移り、店舗をひろげた。

前の店の、四倍はあるだろう。

それでいて、すべてが二十年前と、すこしも変らぬ。

接待の乙女たちの数も増えたが、この中で、感じのわるいのは一人もいない。

新鮮なキャベツが、客の皿になくなると、たちまちに見て走り寄り、おかわりのキャベツをもりつけてくれる。

このおかわり、無料である。

入ったときに、念を入れて洗いあげたむしタオルが出される。

食事が終ったとたんに、もう一度、はこばれてくる。

彼女たちは、いかにも仕事をたのしみ、前途の希望に胸をふくらませているかのように見える。

若さが、ピンク色の肌や、ダイナミックな動作に潑剌《はつらつ》と躍っている。

こんなはなしがある。

五年前に一度、この店へ来てカツレツを食べた客が、五年後にやって来、同じ女店員が何人も残ってい、五年前と同じように生き生きとはたらいているのを見て、びっくりしたというのだ。

中車氏いわく。

「そりゃあ、あそこのトンカツもよござんすけれども、何より、女の子がいい。あれにはまったく、目をみはりますねえ」

くわしいことは何も知らぬが、これは〔とんき〕の主人が、よほどすぐれた人物なのであろう。

十六、七歳で来た女の子が、二十三、四歳になるまで、懸命にはたらき、それ相応の年ごろになると、結婚をしたり、支店の責任ある地位をまかせられたりする。

これは、男の店員も同様である。

たまさかに、自由ヶ丘をはじめとする諸方の支店へ入ると、むかし本店ではたらいていた店員が、責任のある仕事をまかせられているのを、しばしば見ることができる。

私は、いつもビール一本に、ロース・カツレツ。それに香の物と飯にするが、これで、むろん千円以下だ。いま、はっきりとわからぬが六百円前後ではあるまいか。

安くてうまいカツレツを食べ、いかにも女そのものである彼女らのすぐれた接待をうけるのだから、どんな客でも満足してしまう。

常客の一人が、いつか、こんなことをいった。

「もう、ここへ来たら、バカバカしくて酒場やクラブへは行けませんよ」

うなずけないこともない。

あえて、この店が、東京中の食べもの屋の中の〔名店〕といいたいのも、この乙女たちのサービスがあるからだ。

新しくなった本店も、他の支店も、

「以前と少しも変らぬ味と気分を損わぬ」

というのは、いまどき、めずらしいことだ。

激動ただならぬ現代に、この〔とんき〕へ入ってカツレツを食べていると、まだまだ何となく、

「未来が信じられてきますな」

といった常客もいる。

〔とんき〕の主人は、人間と人間社会というものに、何か一つ、うごかすべからざる〔信念〕をもっているにちがいない。

店員たちも、そして、いつも大入り満員の客たちも、主人のおもうままにうごき、たのしく、みちたりたおもいになるのである。実にふしぎな……。

いや、私にとっては、ふしぎでならない店なのである。

東海道・丸子《まりこ》

岡本かの子の短篇〔東海道五十三次〕の中に、駿河・丸子の宿で、とろろ飯を食べるときの情景が出てくる。

これを読んだ私は、どうしても、丸子の〔とろろ飯〕が食べたくなり、同じ株屋の親友・井上留吉をさそい、はるばると静岡へ行ったことがある。

さよう、そのときはほんとうに、はるばるという感じがしたものだ。

東京から静岡まで、何時間かかったろう。

ちょうど土曜日で、取引所の前場《ぜんば》が引けてから、井上と待合わせ、日本橋・三越ならびの〔花むら〕で昼飯をすまし、東京駅から汽車に乗って、静岡へ着いたら、もう夜が更けているような感じがしたものだ。もちろん戦前のことで、はじめての静岡駅頭のしずけさ、暗さというものは、現代のそれとくらべて想像もつかぬほどといってよい。

もっとも、当時は東京でも、夜の闇が灯火を圧倒していた。なればこそ、灯火が美しかったのであるが、いまは灯火に夜の闇がはね退《の》けられ、昼夜の区別がなくなってしまったから、夕靄《ゆうもや》も夜霧も、何処《どこ》かへ逃げてしまった。

その夜は静岡市へ一泊。

翌日。昼前に車で、東海道・丸子の宿《しゆく》へ出かけた。

いまから約三十年前の当時は、街道の風趣も色濃く残っていたようにおもわれる。そのころの私が、後年に時代小説を書いて暮して行くようになると知っていたなら、文章なり写真なりで、メモを残しておいたろうが、それは夢にもおもってみないことであった。

丸子の宿へ着いて見ると、かの安藤広重《ひろしげ》描くところの保永堂版・丸子の画面そのままの風景で、わら屋根だったC屋へ入って、とろろ飯を注文すると、岡本かの子の文章に「……午前の陽は、さすがに眩《まぶ》しく美しかつた（中略）別に変つた作り方でもなかつたが、炊《た》きたての麦飯の香ばしい湯気に神仙の土のやうな匂《にほ》ひのする自然薯《じねんじよ》は、落ち付いたおいしさがあつた」とある。そのままの感じで、とろろ飯がはこばれて来たものだ。

風景だの雰囲気《ふんいき》だのに、まったく興味を示さぬ井上留吉が、ひとくち、とろろ飯をすすりこんで顔をしかめ、

「ふえっ……こんな味噌《みそ》臭えとろろなんか、食えたものじゃあねえ。上野の麦とろのほうが、よっぽどましだ」

と、ほざいて、C屋の女中に、にらみつけられた。

戦後、といっても八年ほど前に、仕事の調べで宇津谷峠《うつのや》を歩いたとき、丸子へ下って来て、それこそ二十何年ぶりで、C屋へ入り、とろろ飯を食べたが、往時の風趣はどこにも残っていなかった。

建増した、がさがさとした大きな店の二階へ上ると、女中たちが客に尻《しり》を向けてテレビを見物している。

別に、とろろ飯の味は変っていないようだが、こうなると、すべてがぶちこわしになってしまう。

うまいものも、まずくなる。

それはさておき、店の前には自家用車がびっしりとならび、とろろ飯、大繁昌《はんじよう》であった。

◇

ところで近ごろ、三日ほど暇ができたので、友人のA君をさそい、丸子へ久しぶりに出かけて見た。

それというのも、これまでに東海道はずいぶん歩いた私なのだが、駿河の興津《おきつ》から由比《ゆい》にかけての情景を忘れてしまっているので、それを、あらためて見たかったのである。

興津から由比にかけての街道は、すでにのべた井上留吉との道中で、丸子から三保の松原、清水港と見物をした帰りに、車で通りすぎたことがある。

しかし、当時の私は、自動車の窓から、興津の町なみを見る眼もなく、井上と、

「どうしても今夜はT楼だなあ」

などと、吉原へくりこむ算段に夢中だったのだ。

さて……。

A君は、しきりにC屋へ行きたがったが、私は八年前に懲《こ》りている。だから、

「〔待月楼《たいげつろう》〕にしよう」

と、いった。

〔待月楼〕も、丸子では古い料理屋で、泊ることもできる。ここは私、はじめてであった。

新幹線で静岡まで一時間半。駅頭から、自動車で目と鼻の先の丸子まで三十五分。

道路は自動車がひしめき合い、よたよたと行ったり来たりしているからだ。

C屋は、また増築をして、マンモスとろろ飯屋になってしまったらしい。

丸子の奥まった一角にある〔待月楼〕の前にも、びっしりと自動車がならんでいる。

家庭で、わけもなくできる〔とろろ飯〕が、このように珍重される世の中になった

わけである。

〔待月楼〕は、奥庭に面した、茶屋ふうの〔離れ〕を用意してくれていた。

とろろ飯の前に、いろいろと出る。

会席のまねごとであるが、〔待月楼〕のような料亭になると、こうしなくては算盤《そろばん》が合わぬことになる。

主婦のアルバイトだという中年の女中の接待もよかった。

結局は、とろろ飯がいちばんうまい。

A君、三杯も平らげた。

むかし、私は上野の〔麦とろ〕で、井上留吉といっしょに、とろろ飯を十八杯もやったことがある。

しかし、その日は二杯。

東京の、われわれの家庭でつくる〔とろろ〕は、すりおろした山芋へ合わせる出汁《だし》が甘い。それが口になれている。味噌《みそ》はいっさいつかわぬし、飯も麦飯ではない。海苔《のり》とねぎを薬味にする。〔待月楼〕の〔とろろ飯〕は麦飯に味噌仕立て。三十年前とすこしも変らぬ野趣があった。

紅白の躑躅《つつじ》が咲きほこる庭の池で、緋鯉《ひごい》がはねた。黒蝶《こくちょう》が、はらはらと飛んでいる。あかるい初夏の陽をあびた山々の青葉が光っている。

と……。

庭先から、突然に、雄鶏《おんどり》が、われわれの座敷へ飛びこんで来て、床の間へ、ちょこんと座をしめた。

「いいですなあ」

と、A君。

「ねむくなったね」

と、私。

二時間ほどして、私たちは丸子を発し、興津へ向った。

東海道・興津

私の〔鬼平犯科帳〕の中の一篇〔血頭《ちがしら》の丹兵衛《たんべえ》〕のラスト・シーンで、盗賊改方の密偵・小房《こぶさ》の粂八《くめはち》が、駿河の興津から薩埵《さつた》峠を越え、峠ふもとの茶店で、老盗賊の簑《みの》火《ひ》の喜之助《きのすけ》と出会う場面は、その場所を見にいく時間がなくて、広重の東海道五十三次の内、由比の画面を参考につくりあげたものだ。

「粂八が薩埵峠をこえ、峠ふもとの〔柏《かしわ》や〕という茶店の前を通りぬけようとしたとき、街道前の腰かけで、名物のさざえの壺焼《つぼやき》をつつきながら、温和《おとな》しげに一本の酒をのんでいた旅の老人が……（中略）この日。風絶えた小春日和《びより》で、茶店の傍《そば》の植込みに八手の花が毬《まり》のような、小さく白い花をつけていた」

などと、見て来たようなことを書いている。

戦前に、僚友・井上留吉と共に、興津を通過したときの印象といえば、右手に、駿河湾を背にした古めかしい町が、どこまでも細長く伸びてい、左手は山つづきで、運転手が、親切に、

「この町には、清見寺《せいけんじ》という有名なお寺がありますが、御見物なさいますか？」

われわれにきいたとき、井上が言下に、

「寺なぞに用はないよ」

はねつけてしまったものだ。

それから三十年後のいま、清水港から興津の町へ入って見て、

「変らないなあ……」

おもわず、私がつぶやいたのをきいて、A君が、

「へえ。むかしも、こんなに車が走ってたんですか？」

「いや、そうじゃない。町の姿、町なみが、むかしのままだというのさ」

つまり、三十年前のままの細い町なみの、あまりひろくもない道路を、自家用車が、タクシーが、トラックが、ダンプ・カーが、ひしめき合うように、群れをなして絶間もなく走っているのである。

「むかし、この町のうしろの海に、帆かけ船がいくつも浮んでいたのを、おぼえているよ」

「へへえ……想像もできないなあ」

現在は、清水港の港湾工業地帯が、興津の海にまでひろがり、せまりつつある。

折りから曇り日であったが、山腹の清見寺へのぼって行き、海を見わたしたけれども、指呼《しこ》の間《かん》にのぞめるはずの三保の松原さえ煤煙《ばいえん》にかすみ、はっきりと眼に入ら

ぬ。

清見寺は、むかしむかし、京都朝廷が東北の蝦夷《えぞ》の侵略にそなえ、ここに関所をもうけ、仏堂を建立《こんりゅう》し、関所の鎮護としたのが、そのはじまりであるそうな。地形的に見て、それが「なるほど」と、おもわれる。

興津で変らぬのは、この清見寺境内のたたずまいのみだ、といった人がある。

ガスとガソリンの匂《にお》いが充満する街道から、石段をのぼりきって境内へ入ると、まったく人影もなかった。

観光名所とは無縁の〔歴史〕が、この、すがすがしく美しい寺の境内にたちこめていた。

鐘楼も土塀《どべい》もよい。徳川家康が少年のころ、今川義元《よしもと》の人質となって駿河へ送られ、一時はこの清見寺の雪斎長老の教えをうけたとかで、家康が手習いをした部屋も残っているそうな。

A君と二人で、清見寺の石段を下り、ふたたび街道へ出たとき、かの高山樗牛《ちょぎゅう》が、

「夜半《よわ》の寝ざめに鐘の音ひびきぬ」

と草した清見寺の夕暮れの鐘が鳴りはじめた。

鳴りはじめたかとおもうと、ダンプ・カーのすさまじい響音が、これを消し去った。

山と海にはさまれ、余地もない興津の町は、東と北をつなぐ駿河の国の一角にあり、不幸にも、清水港という工業地帯をひかえているため、車輛《しゃりょう》を避けることができなかった。

町も人も、車輛の騒音と排気ガスを浴び、とぼとぼと歩いている。

その真只中《まっただなか》に、旅館〔水口屋《みなくち》〕がある。

われわれは、江戸時代の創業で、興津の本陣をもつとめた、この古い宿屋へ泊ることにした。

〔水口屋〕は、オリバー・スタットラーの著書〔東海道の宿〕で知られた旅館である。〔水口屋〕は、長野市の〔五明館〕のように、現代の日本が辛うじて残しておいてくれている数少ない純日本ふうの旅館である。

ふしぎに、街道に面していながら、響音も騒音も入らぬ。

あくまでも日本的な建築の、ゆったりとした廊下や間取りが、敢然として、騒音をふせぎぬいているのだ。

江戸時代の、というよりは、戦前の、それも大正から昭和初期にかけての日本の文明が、この旅館に息づいている。

夕食には、興津鯛《だい》のフグ造りと塩焼。カニと三つ葉のかき揚げ、などが出て、A君とふたりで、ゆっくりと酒をのんだ。

さわがしい観光客は一人も入らぬ。そもそも入れる設備がない。

ひろびろとした敷地に、最小二間つづきから、四間つづきの客室が十余室。それもこれも、この興津の町が、滅茶苦茶な喧噪《けんそう》に明け暮れる現代日本の観光地ではないからだ。この町で高層の、寒ざむしい近代建築のホテルをつくったところで、どうにもならぬ。

夜ふけ。

A君と二人で、安倍《あべ》川のほとりの〔石部屋《せきべや》〕で仕入れてきた名物・安倍川餅《もち》をつつきながら、

「寿命がのびましたよ」

「君は、いくつ?」

「二十五歳ですが……それよりも明日は、どうします?」

「わからない。行きあたりばったりにしよう」

「いいですなあ……」

「薩埵峠の下をぬけて由比から沼津、三島……たのしいことがなかったら、いっそ小田原へ出て、〔だるま食堂〕で、うまい魚で酒をのみ、どうだろう、いっそ、箱根の湯本までのして、初花そばでも食おうじゃあねえか」

「どうも、こいつは、たまりませんねえ」

「そうして箱根へ泊るもよし、時間があれば横浜《ハマ》へ行き、〔ニューグランド〕へ泊って、ドライ・マティーニでもやろうや」

「たまりません、たまりません」

祇《ぎ》園《おん》祭

京都の祇園祭は何度も見物をしたが、七月一日の、祭はじめの〔吉符入り《きっぷいり》〕から十七日の山鉾《やまぼこ》巡行までの約半月を京に滞在し、おもうさまに祭気分を味わったのは昭和三十五年の夏のみである。

当時の私は、まだ新国劇の脚本と演出が本業で、折りから大阪の毎日ホールに劇団の中堅俳優たちが公演をもち、私は〔白い密使〕という一幕物を書き、稽古《けいこ》をつけるため西下したのち、松竹京都が松本幸四郎のために製作しつつあった〔敵は本能寺にあり〕という大作映画のシナリオを書いた私がスタッフと打合せのため、京都へとどまることになったのだ。

この映画は、明智《あけち》光秀《みつひで》を主人公にしたもので、松竹は〔通説〕の光秀で書いてもらいたいというので、まず、私の親友であるベテランの井手雅人へもちこんだところ、井手君は他の仕事で手があかず、私へまわしてよこしたのであった。

映画のシナリオを書いたのは、このときがはじめてで〔最後でもあろう〕、私は、そのころ仕事につかっていた湯河原の旅館〔楽山荘〕で、井手君に書出しの一枚だけ

を、

「書いてくれよ」

と、たのみ、あとは一気呵成《いっきかせい》に一週間で第一稿を書きあげてしまった。まだ四十前のことで、万事に、若かったものである。

京都の泊りは、嵐寛寿郎《あらしかんじゅうろう》氏の先夫人がやっていた三条木屋町上ルところの〔橘《たちばな》〕という小ぢんまりとした宿で、むろん当時は、寛寿郎氏も住んでいた。

鴨川へ突出した床《ゆか》で食事をしながら、いまは亡《な》き大曾根辰夫監督と、ああでもないこうでもないと、シナリオの手直しをしたものだ。

ちょうど、京へ入った日が吉符入りの当日で、町々の会所から、いっせいに祇園囃《ばや》子《し》の稽古がはじまった。

私は、八坂神社へ行き、可愛《かわい》らしい稚児《ちご》が羽織・袴《はかま》の礼装で、ふたりの禿《かむろ》をしたがえ、祭の役員たちにつきそわれて社殿を千回まわる行事を見物した。

これは、祭が無事におこなわれることを祈願するのだそうな。

二日の〔くじ取り〕は、山鉾巡行の順序を決める行事で、さらに十日の〔神輿《みこし》洗い〕や〔お迎え提灯《ちょうちん》〕などの行事が古式にのっとって日数をかけ、丹念につづくうち、いやが上にも祭の気分、情趣が高潮して行くのである。

十余年前の京都は、まだまだ、のどかなところが残ってい、宿の床から鴨川をながめているると、対岸を子供たちがタモ網を持って何やら魚を掬《すく》っていたり、川面《かわも》にはしきりに燕《つばめ》が飛び交い、河原を低く低く飛んで来た燕が、床にすわっている私の頬をかすめて高く舞いあがったりした。

いまは御池《おいけ》大橋が出来て、トラックや自動車の響音すさまじく、燕もめったにあらわれぬ。

そしてまた、嵐寛寿郎氏も前夫人と離婚し、若い現夫人と何処《どこ》かへ行ってしまい、私や井手君の常宿だった〔橘〕も他人の手にうつり、われわれとは無縁のものとなってしまった。

◇

そのときの日記を出して見ると、毎日食べたものを、やはり、たんねんに書きつけてある。

〔橘〕は朝飯だけは、寛寿郎氏が若いころからいっしょに暮しているというお婆《ばあ》さんがこしらえてくれ、あとは〔たん熊《くま》〕や〔河しげ〕の仕出しであった。

ある日の夕食に、

エビ・ハモ・湯葉の吸物
鯛《たい》の刺身、里芋といんげんの炊《た》き合せ

さつまいもの煮物。

とあって、

「……さつまいもを淡甘《うす》く煮たものなど、ちょっとおもいがけぬうまさだ。料理屋のすることはふしぎなものなり」

などと、書いてある。

そのころ、私は京都へ来ると、日に一度は〔たから船〕の洋食を食べないと気がすまなかった。

〔たから船〕は、祇園の北側の花見小路を西へ入ったところにあり、昭和初期の洋食の香りをいまもたたえている。それがなつかしくて食べに通った。

創業は、大正の末か昭和のはじめだときいている。

いかにも祇園町の洋食屋らしい雰囲気《ふんいき》があり、日中は芸妓《げいぎ》たちもあらわれ、コロッケやスパゲティを食べている。私は、ここのビーフと野菜のサンドイッチと、カツレツと、インデアン・チキンなるものが好きであった。

いまも、やっているだろうか、インデアン・チキン。

バター・ライスに半熟の卵をそえて、その上から鶏《とり》をカレー・ソースで煮込んだものをかけた一皿である。

あれは、祭の鉾立てがあった日だから、七月の十一日ということになるが……。

その昼飯に、宿へ〔たから船〕から冷たいコンソメとビーフ・サンドイッチをとどけてもらい、食べていると東京から電話が、かかった。

ある雑誌から、小説の注文で、

「直木賞を受賞された第一作を、おねがいしたい」

と、いう。

そこで私は、久しぶりに、自分の書いた小説がこの年の上期の直木賞候補になっていることをおもい出した。受賞が決るのは二十日すぎであるから、受賞後の第一作を、という注文はおかしい。だが、こうしたことはこれまでに何度もあった。この年で、私は六度目の候補になっている。二回目、三回目までは、受賞のことが気になりもするが、六度目ともなると平気になってしまう。この年はいそがしく芝居の仕事に追いまくられていたし、また、受賞はできまいとおもっていた。

しかし年に一度か二度、自分の書いた小説が候補にえらばれることは、芝居の脚本から小説へ転じようとしていた私にとって、何よりのはげみとなっていたものである。

いま、日記を読返して見ると、このとき京都にいて、私は幕末の探検家・間宮林蔵を主人公にした〔北海の男〕という小説のメモをしきりにとっている。

つぎの小説の準備に、とりかかっていたらしい。

◇

私は一生、芝居の世界へ身を置いてすごすつもりでいたのだが、

「それはいけない」

と、いってくれたのは亡師・長谷川伸であった。

「芝居の脚本だけでは、とても食べて行けはしないよ。ぜひにも小説が書けるようにならなくてはいけない。その上で芝居をやるのだ。双方をやることによって双方に実りがもたらされることを、君は知らなくちゃあいけない」

長谷川師は、こういって私をはげましてくれた。

こうして私は、昭和三十一年ごろから小説を書きはじめ、はじめての時代小説〔恩田木工《もく》〕が、直木賞候補になった。そして、二度目の候補になった〔応仁《おうにん》の乱〕を執筆するにあたり、京都へしらべに来たとき、井手雅人の紹介で、はじめて〔橘〕へ泊ったのである。

以来、何度も候補になり、なっては落ちた。

「万年候補」だとか「店《たな》ざらし」だとかいわれたものだが、いっこうに気にならなかった。それというのも、長く芝居の仕事をしていて、芝居の世界の毀誉《きよ》褒貶《ほうへん》は〔日常茶飯〕のことだから、それになれていたからであろう。

この年（三十五年）は、信州・松代《まつしろ》藩の御家騒動をテーマにした小説が候補になっていた。〔錯乱〕という題名は、畏友《いゆう》・井手雅人がつけてくれたものである。

さて……。

出版社からの電話を切ってから、私は〔お位もらい〕の行事を見物に、八坂神社へおもむいた。

稚児が、まっ白に化粧をし、振袖差袴《ふりそでさしばかま》といういでたちで馬に乗り、裃《かみしも》姿の役員たちをしたがえ、八坂神社の神前で〔正五位十万石〕の位をさずかる。

古風な衣裳《いしょう》に小さな肉体を束縛され、緊張しきった稚児の表情が、たとえようもなく美しかったことを、いまもおもい浮べることができる。

この夜。日記によると、私は、大和大路四条下《さが》ルところの〔由良之助《ゆらのすけ》〕へ行き、名物の飯蛸《いいだこ》の釜飯《かまめし》を食べている。

これも京都で、私の大好きなものだ。近年は行かないが、こうして書いていると生《なま》つばが口へたまってくる。

〔由良之助〕を出て、祇園〔一力〕すじ向いの菓子舗〔鍵善《かぎぜん》〕の店先へ腰かけて〔くず切り〕を食べた。

当時はまだ〔くず切り〕も、いまのように有名なものではなく、

「知る人ぞ知る」

の、珍味であったのだ。

〔鍵善〕につたわる螺鈿《らでん》の見事な器《うつわ》に、氷に冷えた〔くず切り〕が浮き、これを黒蜜《くろみつ》につけてすすりこむと、酒に火照《ほて》った口中へ、さわやかな甘味が涼々とひろがってくる。

そのとき私は、

(ああ、今度も落ちるな)

と、おもった。

今期の直木賞候補には、水上勉《みずかみつとむ》、黒岩重吾《じゆうご》の有力作がならび、私のほうは、まことに影がうすかった。と、後できいた。

◇

こうして十六日の宵山《よいやま》の夜が来た。

そのころには、私のシナリオも決定稿となり、監督との打合せも終り、私はのびのびとして、宵山をたのしんだものだ。

撮影所で、松本幸四郎氏とはじめて会い、それが縁となって今日、〔鬼平犯科帳〕まで、幸四郎氏とのつきあいがつづくことになる。

山鉾巡行が祇園祭のクライマックスなら、その前夜の宵山はハイライトであろう。

風も絶えた暑熱が消えぬ夕暮れに、各町内の山鉾が立ちならび、それぞれの定紋をつけた駒形《こまがた》提灯に灯が入り、四条の大通りは車馬の通行が止る。

祇園囃子がながれる鉾町の通りを、うだるような熱気と群集にもまれつつ、汗をふきふき宵山をたのしむうれしさは、筆舌につくしがたい。

去年（四十六年）の宵山は、黒岩重吾氏の愛弟・龍太君と見物をした。

大阪の若い作家である黒岩龍太君は、宵山がはじめてだといい、

「こんな、たのしいものだとは知りませんでした」

と、いった。大阪の人は、意外に祇園祭を見ていない。

どこが「たのしいのか？」ときかれても、こればかりはいいようがない。

東京の、浅草や神田、深川の祭の気分とは、まったく別のものなのである。

鉾町の旧家が、家蔵の屏風《びょうぶ》を飾って、宵山見物の人びとに見せる〔屏風祭〕の情緒も、いま、わずかに残っている。これを味わうなら、二、三年のうちだろう。

汗みどろとなって、駒形提灯に飾られた山鉾を見物し、祇園囃子に酔い、ほっと一息いれて氷水などをのみ、

「さ、もうひとまわり」

と、気負いこんで立ちあがるのだ。

翌日は、いよいよ山鉾の巡行である。

いまは、京都へ行けぬ人も、カラー・テレビで、毎年、山鉾巡行を見物することができる。すさまじい世の中になったものだ。

けれども私にとっては、なんといっても〔宵山の夜〕だ。

これこそ、祇園祭だ、というおもいが、ひしひしと胸にせまってくるのである。

十二年前のその年。

祇園祭が終って帰京しようとした私をおどろかせたのは、おもいもかけぬ直木賞の受賞であった。

すぐに、芝二本榎《にほんえのき》の長谷川邸へ行き、報告をすると、恩師はむしろ冷然として、にこりともせず、只《ただ》一言、

「よかったね」

と、いわれたのみだ。

後に、長谷川夫人が私に、こういわれた。

「あなたが見えるすこし前に、知らせがあったのよ。その電話のベルが鳴ったら、旦《だん》那《な》さまは書斎からすっ飛んで来たわよ。そして、興奮してるの。声が上《うわ》ずっていたわよ」

恩師夫妻、いまはともに亡し。

四《し》万《まん》六《ろく》千《せん》日《にち》

間もなく、終戦記念日がやって来る。

昭和二十年の、あの夏、私は横浜海軍航空隊から転出して、山陰の美保《みほ》航空基地にいた。現在の米子《よなご》空港がそれであって、いまも、当時の建物が一つ二つは残っているはずである。

基地は、日本海に面した弓ヶ浜半島の中程にあり、幅四キロ、長さ二十キロの細長い半島に点在する農家へ私たちは分散し、宿泊していた。

はじめ私は巡邏《じゅんら》隊に所属したが、のちに海岸へ新設された八〇一空《はちまるいちくう》司令部の電話交換室へ移り、室長となった。

もともとこれが、海軍における私の〔本業〕であったので、山陰に移ってからも電《でん》路《ろ》員《いん》を督励し、器材をととのえ、司令部の交換室の整備を、巡邏隊勤務の余暇に急いでいたのであった。

こうしたわけで司令部へ移り、交換室へ入ると、横須賀の鎮守府をはじめ、舞鶴や呉《くれ》の鎮守府からの秘密電話も傍受することがあり、

弓ヶ浜半島・旧801空司令部付近

（もう、戦争には勝てないな）

私は、つくづくとそうおもった。

私が生れ育った東京は、アメリカの空爆によって、すでに焼けただれていた。

私の家は、代々東京に住み暮していたのだから、疎開《そかい》する田舎もない。

母と弟と祖母は、先《ま》ず浅草・永住町の家を焼け出され、田端、京橋と転々し、そのたびに爆撃をうけ、逃げまわっていた。

私はもう、母たちには二度と会えまいと覚悟をしていた。そのときの日本は外地の戦場と内地との区別がなくなって来つつあった。

◇

そのころの日記が、残っている。

七月二十二日の項に、こう書いてある。

「……母より、久しぶりに来信。あの廃墟《はいきょ》の浅草に、例年通り草市が立ち、四万六千日の行事がおこなわれると書いてあった。なんという心強さであろう」

この気もちは、浅草に生れ育った者でなくては、わからぬ。

四万六千日は、七月の十日である。

この日が浅草観音の功徳《くどく》日にあたるという、その由来は私も知らない。

とにかく、この日に浅草寺《せんそうじ》へ参詣《さんけい》すると、四万六千日分、つまり百二十七年分の参詣に相当する観音さまの御利益《りやく》があるというわけで、当日は善男善女が浅草寺を中心に群れあつまり、大混雑となる。

四万六千日は〔ほおずき市〕でもあって、浅草寺の境内には、ほおずきを売る出店が千軒も立ちならぶ。

終戦の年の〔ほおずき市〕が、どのようなものであったかは知らぬが、ともあれ、いちめんの焦土と化した浅草に、例年のごとく、四万六千日の行事をとりおこなったという東京人《びと》の……そして浅草寺の心意気に、私は感動したのであった。

母も、そのときの四万六千日については、

「なにしろ、三度目の焼け出されで、毎日食べることに精いっぱいで、とても行けなかった」

という。

〔ほおずき〕を売る店が、そのとき、境内に出たのであろうか。

あの三角の形をした雷除《かみなりよけ》の御守りぐらいは売ったかも知れない。

終戦の年の四万六千日を見た人のはなしを、ぜひ、ききたいものだ。

◇

今年の七月十日は、雨がふっていた。

ちょうど仕事に切れ目が出来たので、午後から、私は四万六千日へ出かけた。

雨にもかかわらず、相当な人出だ。

中位の〔ほおずき〕を一鉢、買った。

「旦那《だんな》。千円です」

という。

「だめだ」

「じゃあ、八百円」

「だめ」

「七百円」

「ま、いいだろう」

ほおずきの鉢をぶらさげて、私は十何年ぶりかで、鮨屋《すし》の〔A〕へ出かけて見た。

〔A〕は、浅草名代の店で、私は幼少のころ、祖父につれられて、何度もこの店の鮨を食べている。

十何年前にくらべると、店は荒れていた。どこがどうというのではないが〔空気〕が濁っている。

果して……。

小生意気な、若い職人が客を見下しながら仕事をしている。

「今日は、何がうまいかね？」

問うや、そいつが、

「まあ、まぐろかひらめの類《たぐ》いだね」

と、いう。そのまぐろのひどいこと。食べられたものではない。

それでも我慢をして、酒をのんでいると、その若い奴《やつ》、竹箒《たけぼうき》で掃除をはじめた。

なおも見ていると、竹箒をはなした手を洗いもせず、ふきもせず、他の客の鮨をにぎりはじめたのには、さすがの私もびっくりした。

「あ、忘れものをして来た。すぐに勘定をしてくれ」

いって、立ちあがった私に、若い奴がいった。

「そいつは、残念でしたね」

二度と私は、この〔A〕へ足をはこばないだろう。

もっとも浅草には、こんな店ばかりではない。

むかしながらの、よい気分を残した食べもの屋が、いくらもある。が、それらについてはまたの機会にふれるつもりだ。

げんに私は、その日〔A〕を出てから、雷門西側の小さな鮨屋〔金寿司〕へ入り、女の職人がにぎる鮨と酒ですっかり気分をよくしてしまった。

鵠《くげ》沼《ぬま》の夏

お暑う。お変りなくいられますか。別封、すでにお手許《てもと》におありかも知れませんが、そんなことでしたら、お友達にでも差しまわして下さい。お役に立てば、この上のよろこび無之。

鵠沼にて
子母沢《しもざわ》　寛

子母沢寛氏から、このようなハガキをいただいたのは、ちょうど四年前の夏のことで、その翌々日に、大きな小包が私の宅へとどいた。

ハガキの文中に〔別封〕とあるのが、この小包のことだ。

中身は、江戸時代の司法関係の書物数巻であった。私が〔鬼平犯科帳〕なぞを書いているのを御存知で、関係のある貴重な古書を送ってくだすったのだ。

そういえば、その前年から数度、こうしたことがあり、小包の宛書《あてがき》まで御自身がお書きになっているので恐縮してしまった。

そして、このときに頂戴《ちようだい》した古書が、子母沢氏の形見になってしまった。

すぐにも、御礼にうかがおうとおもううち、つい、十日ほどがすぎ、そして子母沢氏は突然、亡《な》くなられた。

子母沢氏に、はじめてお目にかかったのは十年ほど前のことだ。折りしも私は明治座の尾上松緑《おのえしようろく》公演に、子母沢氏の傑作といわれる〔父子鷹《おやこだか》〕の脚色と演出を担当することになったので、鵠沼のお宅へ挨拶《あいさつ》にうかがったのである。小説の世界へ移ってから久しぶりの芝居の仕事であったし、念入りにやるつもりで、いろいろとおはなしをうかがったわけだが、そのころはまだ、夫人もお元気で、御夫妻が親切にもてなしてくだすったことを、いまだに忘れ得ない。

みごとな伊勢海老《いせえび》が出た。

いまにしておもうと、このときの魚介も、氏がごひいきの、近くの〔金鮨〕からとどいたものであったろう。

むかし、子母沢氏が毎日の記者をしておられたころ、私の師・長谷川伸の担当だったそうで、

「よくうかがっては、いろいろ、おはなしをきいたものです。私が小説一本で食べて行こうとするのを、もうすこし待て、もうすこし待て、と、とめられたものですが、毎日に国定忠治を連載しはじめたとき、これを読んでくだすって、長谷川さん、もう筆一本で大丈夫だよ、と、やっとおゆるしが出てね」

子母沢氏は、そんなことを語られた。

私がそのとき、

「遠山四郎は、私の叔父でございまして……」

いい出したときには、子母沢氏が、

「へえっ……」

夫人ともども、びっくりされた。

子母沢氏の、多彩をきわめた何巻もの随筆の中に、よく顔を見せる〔深川の小鳥屋の大山〕というのが、私の叔父にあたる遠山四郎のことだ。

遠山の叔父は幼少のころ、御一新前に幕府の〔御鷹匠《おたかしょう》〕であった遠山家へ養子に入り、以後は小鳥屋となったわけだが、単なるそれではない。

叔父が飼い育てた鶯《うぐいす》などは、いわゆる、

「鳴声からして違う」

のであって、そうした世界における好事家《こうずか》のことなどには全く疎《うと》い私だが、遠山の叔父が飼いならした鶯は相当に高価なものらしい。

いわば、小鳥界の〔名人〕というわけで、子母沢氏は戦前から叔父をひいきにしてくだすって、叔父もまた、親しく出入りをさせていただいた。

氏が戦前、大作〔勝海舟〕を新聞に連載するにあたり、遠山の叔父が案内をし、まだ、いくぶんかは江戸の名残りをとどめていた本所・深川界隈《かいわい》を、

「毎日のように……」

歩きまわられたそうである。

それにしても子母沢氏は、深川が好きであった。

深川の名代のある店の、

「さらし鯨はうまかったものだが、近ごろはどうです？」

などと、私に問いかけられる。

「このごろは、だめでございますよ」

「やはりねえ」

そのうちに、夫人が急に亡くなられた。

そのときの子母沢氏の嘆きは非常なものであって、氏の令息・梅谷龍一氏によると、

「母が亡くなったとき、お坊さんが、しまいには機げんがわるくなりました。坊さんのほうでは、宗教の上からいくと死はなんでもないというわけですね。おやじはこれ

に反対なんです。悲しいことをかくす必要があるか、ということですね」

だったそうで、いかに夫妻の愛情がこまやかなものであったかが知れよう。

そうしたことを私は、子母沢家に親しかったある編集者からきき、夫人の葬儀には行かなかった。

子母沢氏の悲嘆を見ることがたまらなかったからだ。

遠山の叔父も、

「ぜひにも行きたかったのだが、どうにも、行きそびれちまって……」

ある日、顔を合わせたとき、泪《なみだ》ぐんでそういっていた。

戦後の、ある時期から、叔父は子母沢家から遠退《とおの》いてしまったのである。

その理由が何であったかは、私も知らない。

強いていえば、何かのことを遠山の叔父が〔勘ちがい〕してしまい、一度行きそびれると、それからどうにもならなくなり、ついに遠退いたものらしい。

「そうですよ。遠山君は、何か勘ちがいをしているのですよ。でも、会いたいね」

子母沢氏がそういってくだすったので、このよしをつたえると、叔父が、こういった。

「正ちゃんがいっしょについて行ってくれますかい？」

「よござんすとも」

だが、東京人特有のシャイな気だての遠山の叔父は、それでも行きそびれ、子母沢氏が亡くなられるすこし前に、この世を去った。

◇

夫人が亡くなられて一年ほど、私は鵠沼の子母沢邸を訪問しなかった。

それからまた、折りにふれて、お目にかかるようになったが、夫人の葬儀に出なかった理由を、私は一度も子母沢氏に語ったことはない。

それにしても……。

子母沢氏は、すっかり元気をうしなってしまわれた。

夫人に先立たれた悲しみが、老体に残るちからを、

「うばい取ってしまいましたよ」

静かな微笑と共に、氏はしみじみと語られた。

私が京都へ出かけて、新選組旧跡の現状などを撮った写真を持参すると、

「ほう……こんなになってしまいましたか……」

実に、なつかしげな表情を浮べられて、

「心臓が悪くなければ、京都だけには、もう一度、行って見たいものだ」

と、つぶやかれた。

さもあろう。

子母沢氏が若きころ、多忙をきわめた新聞社勤務のかたわら、それこそ体力にものをいわせ、

「ときには、夜行で行き夜行で帰って来たことも、何度かありました」

といわれるほどに京都へ通いつめ、新選組ゆかりの場所を綿密に調査されると共に、当時のことを知る〔生残りの人びと〕を探しては聞き書をとられ、およそ十年がかりで完成したのが、名著〔新選組始末記〕である。

「もう一歩、聞きに行くのが遅れていたら生残りの人たちは亡くなってしまいましたろう」

それほどの情熱をこめられた新選組史伝だけに、ひとしお、京都をなつかしくおもわれたのであろう。

私などが、新選組関係の小説を書くときなど、

「ごえんりょなく、おつかい下さい」

貴重な資料を惜しみもなく、くだすった。

数年前に、恩師をうしなって、まことにさびしかった私だけに、こうしてまた、子母沢氏にお目にかかる日を取りもどすことができて、胸の中に、あたたかい灯《あか》りがともったような気がした。

藤沢駅からバスで、子母沢邸前で下り、案内を請うと、氏が「とど子《こ》、とど子」と呼んでおられたお手伝いさんがあらわれ、応接間へ通される。

やがて、老体といっても堂々たる体軀《たいく》の子母沢氏が、

「やあ、お待たせ」

入ってこられ、語り合ううちに、ごひいきの〔金鮨〕から、私のために鮨《すし》がとどく。

そして、ジョニー・ウォーカーの黒がびんごと出される。

晩年の長谷川師と語り合っているときも、

（長居をして、お疲れになるといけない）

と、気をつかったものだが、しかし、私はこういう人間であるから、いただくものは遠慮なくいただいた。子母沢氏は、おのみにならぬ。ひとりでウイスキーをのみ、まっ赤になって、よい気分となり、身ぶり手ぶりでいいかげんなことを私がしゃべりまくるのを、子母沢氏がまた「それで、どうしました。それから……それから？」と、おもしろがってきいてくださる。

当然、食べもののはなしも出た。

子母沢寛氏には〔味覚極楽〕という著書があるほどで、ずいぶんとくわしいはなしをなさる。教えられたものだ。

その〔味覚極楽〕にも書いておられるが、

「……鍋《なべ》に湯をたぎらせ、これに豚肉を二百匁《もんめ》ほど入れ、ぐたぐたと煮立てた中へ、うどんをさっと入れ、玉がくずれてさらさらとなったところをつまみあげて下地へつけて食べる。うどんの芯《しん》まで熱くなっては駄目。うどんの玉がくずれたかくずれないかという、この加減が、ちょっとめんどうだが……」

というやつ。これを子母沢氏にきいてやって見たが、まことにうまい。いまでも、よくやる。私のは加減も何もない。豚肉も脂《あぶら》の多い細切《こまぎ》れでやる。さっと煮えたうどんに豚の脂がとろりとからまったのを引上げ、これは子母沢氏に教えられた醤油《しょうゆ》一、みりん一、昆布だし四の割合にととのえたものへつけて食べる。めんどうなときには、生《き》醤油でもよい。

こうした、たのしいひとときも、その後三年ほどで絶たれた。

子母沢氏の通夜《つや》がおこなわれた日の午後。ぼんやりと庭先にいて、彼方《かなた》で人びとがせわしくうごきまわっているのをながめながら、前年の暮れのある日に、

「あなたと、こうして世間ばなしができるのも、いつまでのことか……間もなく、あの世から、ばあさんが私を迎えに来ますよ」

ふしぎなほどに明るく、たのしげにいわれた子母沢氏の温顔を、私はおもいうかべていた。

翌日の葬儀は、清楚《せいそ》に鵠沼の自邸でおこなわれた。

暑い日ざかりの道の電柱などへ、子母沢邸への道順をしめす〔梅谷家〕と書かれた黒框《くろわく》の紙が貼《は》られてあった。

子母沢寛――本名は梅谷松太郎。

つまり、生前の氏が、

「生きているうちは子母沢寛であっても、死んでしまえば、すべてのことが梅谷松太郎になる。そのつもりで」

御遺族へかねてからいいのこされたのでもあろうか……と、おもわれるほどに、この黒框の紙が印象に残った。

長谷川師が亡くなられたのも、夏のある日であった。

祖父や父親との縁がうすかった私だけに、このお二人のことだけは、いつもしたわしく、なつかしく……。

そして、自分がうけた恩恵を自分なりにかみしめ、胸に抱きつづけて生きているのである。

お二人のような、この道の大先達には畏《い》敬《けい》のかぎりをつくすか、自分の若さをそのままにぶつけて、わがままをさせてもらうか、そのどちらかである。私は後者であった。

そして、そのほうが私の場合は、得るところが多かったとおもっている。

近江《おうみ》・八日市《ようかいち》

滋賀県の八日市市は、米原《まいばら》駅から出ている近江《おうみ》鉄道で、一時間足らずのところにある。

彦根市から南へ六里。西方二里に琵琶湖をのぞむこの町の近くには、織田信長が築いた安土城址《あづちじようし》あり、近江の名家である佐々木氏（六角氏）の居城があった観音寺山あり、蒲生《がもう》の山を南へ越えれば、忍者の里の甲賀ありで、時代小説を書いている私は、このあたりを何度も歩きまわったものだ。

八日市の町は、その名がしめしているように、むかしは市《いち》の栄えたところで、

「……この市場は、近江第一の繁昌《はんじよう》の市なり。むかし、佐々木四郎高綱、関東へ下向のとき、栗本の喜介というもの、馬をひきいて、この八日市の市に出るを、馬をうばい取りて喜介を切殺し、鎌倉へ下るという事あり」

などと、ものの本に記されているところを見ると、馬市もさかんなものであったらしい。

私が、はじめて八日市を訪れたのは八年ほど前であったろうか。

そのころ書いていた忍びの者が主人公の小説の舞台に八日市をつかおうとおもい、出かけたわけだが、一つには、八日市の〔招福楼《しょうふくろう》〕の料理を食べて見たかったのである。

そのとき食べたうまさは忘れがたいものであったが、その後、機会にめぐまれなかった。

京の祇園祭の宵山《よいやま》を数日後にひかえたこの夏、寸暇を得て、久しぶりに私は〔招福楼〕をおとずれた。

八年前には物しずかに古びた町であった八日市も、駅前に大きなスーパー・マーケットが出来たりして、車輛《しゃりょう》の往来もはげしくなっていた。

だが、〔招福楼〕のすべては八年前と、いささかも変っていない。

門を入り、武家風とも数寄屋《すきや》風ともつかぬ玄関がまえで、座敷へ通ると、床の間に、祇園祭の山鉾《やまぼこ》の雛形《ひながた》が飾られてあり、香のにおいがただよっている。

縁《えん》の向うに、白砂に緑の砂洲《さす》を配した美しい庭が、夕闇《ゆうやみ》に溶けこみつつあった。

ほどのよい中年の女中が、まず小さなグラスに氷片を浮かせた梅酒《ばいしゅ》をはこんであらわれる。この梅酒がよい。

甘からず辛からず、梅の芳香が口中にひろがって、旅の疲れが消えるおもいがする。

古びていて風雅な浴場で汗をながし、別室へ通ると、酒がはこばれてくる。

この日の献立は、つぎのようなものであった。
〔前菜〕雲丹《うに》とろろ、蓴菜《じゅんさい》、すり柚《ゆ》（黒うるし塗りの小箱の中へ氷を盛り、その中のガラス器に入っている）
〔吸物〕焼茄子《なす》に、はもの葛《くず》たたき（ひなびた味わいがあった）
〔造り〕鯛《たい》のへぎ造り（銀盆へかき氷を饅頭《まんじゅう》型に盛り、その中に鯛が入っている）
つぎに、黒ぬりの高坏《たかつき》へ盛った、はもと甘鯛《ぐじ》の千巻ずしが出る。
〔八寸〕鮭《さけ》のいぶし、焼麩《やきふ》にカーマンベールのチーズをはさんだもの、山桃の実などが、かき氷の上にのせられて出た。
〔焼物〕鮎《あゆ》の塩焼が、はじめ皿にのって出て、あまりにうまいので、もう一尾ほしいとおもったとたんに、竹籠《たけかご》へ笹《ささ》の葉と共に盛られたお代りの鮎が出て来たのには、私もおどろいた。つぎは、氷塊に穴を穿《うが》ち、その中へ蕎麦《そば》とろろ（山芋でなくオクラのとろろというのがミソである）が入っているものが出た。口中の鮎の匂《にお》いが、これによってさらりと消える。
つぎは、穴子の煮物。
御飯は、うなぎ茶漬。
果物は、グレープ・フルーツに、オーストラリア産の珍果・キウィーであった。

趣向がすばらしい。

◇

これで、料理そのものがまずいのだったら、その趣向も演出も厭味《いやみ》に見えるばかりとなろうが、なんといっても料理そのものが、うまい。

うまくてうまくてたまらなく、私にはおもえる。

〔招福楼〕は、もと八日市の花街として知られた延命新地《えんめいしんち》（この名の風流なことよ）のお茶屋であったのだが、現主人が料理を好み、茶人としての感覚をもって修業をつみ、独創的な懐石料理をはじめたのである。

その味つけ、材料のえらび方などは、一種、東京・四谷の〔丸梅〕のそれをおもわせる。

これは両者が、はじめは素人《しろうと》から料理の道へ入り、さまざまの料理をまなび歩き、独自のスタイルと味つけを生み出した点において、酷似しているのだとおもう。

むかしからの古びた棟もよいが、十年ほど前に、大阪の建築家・平田雅哉が設計したとおもわれる新館の一間一間が、それぞれに風情《ふぜい》がある。

古来、日本につたえられたさまざまの美的感覚が、〔招福楼〕のすべてにみなぎっている。

これはいまどき、まことに貴重なことといわざるを得ない。

食べ終えて座敷へもどり、敷きのべられた白い清らかな寝床へ身を横たえたとき、私は得体の知れぬよろこびが身内につきあがってくるのをおぼえた。

たっぷりと食べて、泊って、勘定はというと、安くはない。

だが、京都あたりの、近ごろしきりにもてはやされて、つまらぬものを見る見るうちに高く値上げしてゆく店にくらべれば、〔招福楼〕のもてなしは、

（それほどに儲《もう》かってはいない）

と、はっきりわかる。

安いものを何度も食べる金をためておいて、ここへ一度、やって来たほうが、どれほどみちたりるか知れたものではない。

夜ふけて、ふと目ざめると、微《かす》かに雨の音がしていた。

闇にただよう冷気は、夏のものともおもわれぬほど、清々《すがすが》しかった。

カレーライス

〔カレーライス〕とよぶよりは、むしろ〔ライスカレー〕とよびたい。

戦前の東京の下町では、そうよびならわしていた。

この食べものを、はじめて口にしたのは、むろん、母の手料理によってである。

母がつくる洋食らしきものといえば、ライスカレーに、じゃがいものコロッケ。それにカツ丼《どん》ぐらいなものだったろう。

いまから四十年も前の、母がつくるライスカレーは、大きな鍋《なべ》へ湯をわかし、これへ豚肉の細切《こまぎ》れやにんじん、じゃがいも、たまねぎなどをぶちこみ、煮あがったところへ、カレー粉とメリケン粉を入れてかきまわし、これを御飯の上へたっぷりかける、というものであって、それでも母が、

「今夜は、ライスカレーだよ」

というと、私の眼の色が変ったものである。

小学校へ入った私は、四人の先生の世話になったが、一年二年を担当された九万田《くまた》貢《みつぎ》先生は鹿児島出身の薩摩《さつま》隼人《はやと》で、この方は、浅草・永住町の私の家の、すぐ近く

に住んでおられ、夫人は薩摩琵琶《さつまびわ》を教えていた。

いかにも九州男子の風貌《ふうぼう》をそなえた九万田先生は、当時、三十七、八歳であったろうか。そのころの私どもの印象としては四十すぎにも五十にも見えた。

この先生に対して、父兄の尊敬は非常に厚かった。

われわれがいたずらをしたり、なまけたりすると容赦なく体罰を加える先生なのだが、だれひとり、これを怒ったりうらんだりするものがない。

この先生、昼食の時間になると、キャラメルを五粒ほど食べる。これが昼飯がわりであった。質素きわまる。そして、

「みんなは、ごはんを食べていなはれ。食べながら、これを見なさい」

といい、所蔵の絵画の軸を黒板の上へ掛けならべ、われわれに鑑賞させるのである。

そして、ていねいに説明をしてくれる。

絵が好きな私の祖父が、このことを知って感激し、平福百穂《ひらふくひゃくすい》か何かの絵を描いた袱《ふく》紗《さ》を九万田先生へ贈ったことがある。

いまは故郷の九州へ引きこもられた八十余歳の先生が、数年前に上京した折り、

「あの百穂の袱紗は、いまもたいせつにしていますよ」

と、私にいわれた。

九万田先生は、このように質実な人であった。

四年を担当された立子山恒長《たつこやまつねなが》先生というのは、映画俳優でいうなら、さしずめ、亡《な》きウィリアム・ポウエルのごとき風貌で、端正《たんせい》な、温厚な人である。

この立子山先生、昼飯は、九万田先生同様に教室で生徒と共にめしあがる。

それはよいのだが、毎日、近くの洋食屋からカツレツだのビフテキだの、カレーライスなどを出前させ、ナイフやフォークをぴらぴらさせながら、めしあがるものだから、

「なにも、おれたちに見せびらかさなくてもいいじゃぁねえか」

などと、われわれ海苔弁《のりべん》生徒は、大いにひがんだものだ。

しかし、立子山先生の不評は、いっこうにきかぬ。それというのも、先生のあたたかいこころが、われわれに知らず知らずに、つたわっていたからであろう。

そのころ、私は十歳。父母が離婚したのち、父方の伯父伯母のもとへ引取られていたので、伯父は立子山先生に、私のことをよくよくたのみに行ったらしいが、それを私は知らなかった。

ある日の放課後に、立子山先生が私を人気《ひとけ》もない図画室へつれて行き、

「君は、ほんとうのお父さんやお母さんと、別れて暮しているそうだね。谷中《やなか》の伯父さんからきいたよ」

と、いう。

「ハイ」

「どうだね。つらいことはないか？」

「べつに、アリマセン」

そこへ、カレーライスが、洋食屋からはこばれてきた。

「さ、おあがり」

「ボクに、……いいンですか？」

「君に食べてもらおうとおもって、とったのだよ」

「ハイ。いただきます」

私は遠慮も何もない。すぐにスプーンをとって食べはじめたが、いやこのときのカレーライスのおいしかったことは、とてもとても、母がつくるライスカレーのおよぶところではなかったことを、いまもおぼえている。

そして……

一気に食べ終えて、

「ゴチソウサマでした」

スプーンを皿において、先生の顔を見あげたとき、私は、子供ごころに、なんともいえぬ感動をおぼえたものだ。

そのときの、私を凝《じ》っと見まもっている立子山先生の慈愛にみちあふれた笑顔を、いまもって私は忘れかねている。

父母の離婚によって、伯父の家へあずけられた生徒に対する先生の愛護の心情を、私は直感的に、うけとめることができた。

そのとき、われ知らず、私は泪《なみだ》ぐんでいた。

すると先生は「よし、よし」というふうに何度もうなずき、

「何か困ったことがあったときは、私にいいなさいよ」

と、いって下すった。

以後、私はのびのびと学校へ来て、元気そのものだったので、立子山先生も安心されたらしく、二度と、こうした場面はなかった。それにしても私にとって、この図画室で御馳走《ごちそう》になったカレーライスほど、強烈な印象を残している食べものはない。

別の先生が担当だった三年生のとき、私の成績表の〔操行《そうこう》〕は、全部乙か丙であった。平常のおこないがよろしくない、ということだ。

それが立子山先生になってから、全部〔甲〕にもどった。

立子山先生は、これも八十をこえて、いま、都下のある町で幼稚園の園長をしておられる。

◇

戦前の銀座のレストラン〔モナミ〕のカレーライス。あんなにうまいカレーライスがあったろうか……。

などというのも、人それぞれの追憶の心情が食べものにむすびついているからで、好みは千差万別がよいのである。

先日、渋谷へ出たついでに、十何年ぶりかで百軒店《ひやつけんだな》のカレーライスの店〔ムルギー〕へ立寄って見た。

私は戦後、いつまでも株式取引所が再開されぬので、東京都の職員となり、戦前の自分の生活と、

「いさぎよく、手を切った」

のであった。

だから、戦前の私と戦後の私とは、

「まるで、人が変った」

と、よく、むかしの兜町《しま》の友だちにいわれたものだ。

それが戦後二十七年を経た現在、小説書きという自由業になりきっているから、

「すっかり正ちゃん、むかしの気分にもどったねえ」

旧友が、そういってくれる。ただし生活がもどったのではない。あくまでも「気分がもどった……」らしいのであるが、自分でも（なるほど、そうかも知れないな）と、おもえるふしがないでもない。

私の東京都職員の生活は、はじめに保健所の環境衛生の仕事から、のちに税務事務所へまわされ、渋谷に近いM地区へ勤務することになり、そこの税金徴収員となった。これは各種地方税を滞納した家を一軒一軒とりたてて歩くのだから、もっとも厭《いや》な役割であった。

しかしやって見ると意外にも、二十何人もいる徴収員の中で、私の成績は五番と下らなかった。それでいて私は、ほとんど午前中に、予定した金額を徴収してしまったものだ。そのかわり前の晩は、二時間ほど、じっくりと考えておく。どうしたら滞納者との間にトラブルを起さず、スムーズに滞納金をとりたてられるか……を、である。

三、四年、この係をやって、いわゆる〔差押え〕の赤札を貼《は》りつけてきたのは、ただの二回にすぎない。

一度は、かつての某大臣の私邸。

一度は、共産党員の家。

双方とも、細君が私に罵詈《ばり》雑言《ぞうごん》のかぎりをあびせかけたからだ。

差押えをして役所に帰ると、大臣私邸では、すぐに、わずかな滞納金をおさめに来て、何事もなかった。

ところが共産党員のときは、夕暮れになって役所へもどると、門前から玄関にかけて、赤旗が林立している。もっともそのとき、私は共産党員の細君の罵詈をたしなめるため、その頬を一つ張り飛ばしてやったからであろう。

このときの係長は、なかなかたいしたもので、私をかばい、党員たちに対して一歩も退かなかった。

そのかわり私は、半年間の〔減俸〕をくらった。これがいまだったら大問題となったにちがいない。

当時はまだ、世の中ものんびりしたところがあったものだ。

そのころの私は、昼飯時になると、M地区から自転車を飛ばして渋谷へ行き、毎日いろいろなものを食べた。

その中で、もっとも頻繁《ひんぱん》に通ったのが百軒店の〔ムルギー〕だったのである。

小さな店だが、売りもののカレーライスに独自のものがあり、日ごとに食べても飽きなかった。

ライスを、ヒマラヤの高峰のごとく皿の片隅へもりあげ、チキンカレーを、ライスの山腹の草原のごとくにみたす。

どちらかというと黒い色の、辛いカレーで、香りのよさがたちまちに食欲をそそる。

これが当時、一皿七十円であった。

卵入りが百円。

ほかに、カリーチャワルと称する印度焼飯があり、これが百二十円ほどではなかったか……。

それが十何年ぶりに行って見ると、ムルギーカレーが二百五十円になっている。

（ウヘ……高くなったな）

と、おもったが、七十円からいきなり二百五十円の印象がそうさせたのであって、この十何年の、他の食べものの値上りにくらべて見ると〔ムルギー〕のカレーは、やはり安い。物事はすべて、比較がたいせつなのである。

味は、むかしといささかも変らぬ……というよりも、むしろ、ぐっとうまくなっていた。

この店も、大阪のシューマイ屋〔阿み彦〕と同じような商売の仕方をくずさないことが、はっきりと見てとれた。

店は、むかしとくらべて大分にひろくなったようだが、依然、気取りもてらいもない、よい店であった。

夏は、カレーライスの季節である。

私の家でも、よくつくるが、このときは、むかし風の〔ライスカレー〕にする。

といっても、老母のごとく、なんでも彼でも鍋《なべ》へぶちこんで、搔《か》きまわす、というわけにも行かぬ。

おなぐさみに、私が自分でつくるときのライスカレーのつくり方を、ちょいと書いてみようか。つぎのごとくだ。

① 脂《あぶら》の多い豚肉を一口大に切って、塩・コショウと共に、カレー粉を小さじ一杯、ふりかけておく。

② 少量の玉ねぎ、にんじん、じゃがいも、それにニンニク、ショウガをみじん切りにし、厚手の鍋を使って、サラダオイルでいためる。小麦粉を加え、褐色になるまでいためてから、カレー粉を小さじ二杯加え、さらにいため、固型スープをお湯カップ三杯にとかして加え、カレー・ルウをつくる。

③ 豚肉、じゃがいも、にんじん、玉ねぎを強火で別々にいため、前のカレー・ルウに入れて煮込み、カレー粉大さじ半杯を加えて仕上げる。

③のときの野菜は、②のときのルウのダシにする野菜とは別に、大きめに切っておく、私は、じゃがいも、にんじん、玉ねぎの形がハッキリとカレーの中に浮いている

のが好きだ。

私の〔ライスカレー〕は、カレーのスープを御飯にかけたようなもので、あまり、どろどろしていないのである。

仔《こ》鹿《じか》物語

ロウリングスの〔仔鹿物語〕を、はじめて読んだのは、終戦の翌年の昭和二十一年夏のころであった。

当時の私は、東京都の職員として、下谷（台東）区役所内にもうけられた保健所へ出向し、浮浪者の密集地帯として有名だった上野山内をはじめ、区内の伝染病予防のための仕事をしていた。

保健所は、アメリカの進駐軍の命令で改正されたものだが、そのころは進駐軍の兵士と共に、私どもが作業員をつれて、区内の予防にあたった。

なんといっても発疹《はっしん》チフスが、猖獗《しょうけつ》をきわめてい、ＤＤＴの撒布《さんぷ》とワクチンの注射で、われわれはほとんど昼夜兼行ではたらきつづけたものだが……。

それだけはたらきながら、なんといっても食糧がないのには、さすがの私もまいってしまった。

そのころの食糧がいかに欠乏していたかを、いまの若者たちに語ってみても、想像がつくまい……というよりも、私どもですら、現在の飽満にかまけて当時のことを忘れかけてしまっている。

トウモロコシやフスマや芋の粉で、私どもは生きていた。そんなものを食べながら、よくもあれだけの労働に堪えられたものだと、当時、いっしょにはたらいた人びとと会うたびに語り合うのである。

私など、骨と皮ばかりになってしまっていたものだ。

◇

ま、そうしたときに、谷中の古本屋で買いもとめた中の一冊が、たしか三笠《みかさ》書房版の〔仔鹿物語〕であった。

この小説を、何度くり返して読んだことだろう。むろん、小説そのものもすばらしい。

百年も前のアメリカの南部、フロリダの〔矮《わい》樹林地帯〕を舞台にして、プリミティブな狩猟と百姓仕事をいとなむ人びとの生活が、太陽と月と星の光の中に生き生きと描かれている。少年ジョデイと、その父母の家庭が中心となって展開する物語は、ジョデイと彼が愛する仔鹿の成長とが力強いテーマを奏《かな》でて、読む者を魅了させずにはおかぬ。いまもって私が年に一度は、かならず書棚から引出して読む小説がこれだ。

それはさておき、二十数年前の、いつもいつも空腹《すきばら》を抱えてはたらきぬいていた私が、この小説にひきずりこまれたのは、ほかでもない。

フロリダの森林の中でいとなまれる人びとの食卓の情景が、実にまったく、堪能《たんのう》しきるまでに何度も何度も活写されているのである。

山屋三郎氏の訳になる内容をちょいとぬき書きしてみようか。

「ジョディは食べ物の外には何も聞えず、何も見えなかった。

（中略）ベーコンの脂肉《あぶらにく》がちらほら入った山牛蒡《やまごぼう》の芽や、昨日捕えたはこがめと馬鈴薯《ばれいしょ》とたまねぎでこさえた肉饅頭《まんじゆう》や、オレンジ入りのすっぱい軽焼パンや、それにまた、母の肘《ひじ》のあたりには甘藷《かんしょ》の焼パンも置いてある」

どうです、いま読んでもよだれが出てくるではないか。

また、キャンプのシーンでは、こんなところも出て来る。

「……ペニイは、フライパンを一握りの苔《こけ》で拭《ぬぐ》うと、再び火の上にかけた。それから彼はベーコンをうすく切った。ベーコンがフライパンの中で褐色に焦《こ》げて油がしゅうしゅう沸きはじめると、彼は鹿肉の薄片をぴんとしまって柔かくなるまで揚げた」

山屋氏の名訳に感謝しなくてはなるまい。

山査子《さんざし》のジェリイだとか、タピオカのプディングだとか、豹《ひょう》の心臓と肝臓をうすく切って焚火《たきび》で焼きあげたものだとか、

「……食卓の上には、乾ふじ豆とベーコンの白肉を煮合わせたもの、鹿の腰肉のロー

スト、栗鼠《りす》の油揚げの大皿、小椰子《やし》の髄《ずい》、挽割《ひきわり》とうもろこしのおかゆ、乾ぶどう入りのプディングも食卓にのせられるのを待っている」

などとあって、こうして書いていたら切りがないのである。

私が、いま時代小説を書いていて、登場する人物の食卓に無関心でいられなくなってくるのも、この〔仔鹿物語〕を読んだためかも知れない。

とにかくこれを読むと、空腹が、なんだか一杯になってくるような気がしたものだ。

◇

〔仔鹿物語〕は、戦後にメトロが映画にした。

監督はクラレンス・ブラウン。少年ジョディに扮《ふん》したのはクロード・ジャーマン・ジュニア。その父がグレゴリイ・ペック、母がジェーン・ワイマンというキャストで、まず配役には申し分がなかったが、老巧クラレンス・ブラウンの演出に密度がなく、さらに私を失望させたのは、原作に出てくる、あのすばらしい食卓の情景が、まったく片隅に追いやられてしまっていたことだ。

ところで〔仔鹿物語〕を現在、再映画化するとしたら、

(監督には、だれがよいだろう？)

と、考えて見て、なかなかおもいつかぬ。

ジョン・フォードが、もう少し若かったらよいのではあるまいか。フォードは、食べものには無関心でない監督であるはずだ。

また、〔野性の少年〕をつくったフランソワ・トリュフォーなんか、おもしろいのではないか。

そしてジョデイには、いま売出しのマーク・レスター。

父親には、前作同様、グレゴリイ・ペックに若返ってもらって、もう一度、演じてもらいたい。

母親になる役者は、いろいろといるだろうが、私は、イングリッド・バーグマンにやらせたら、すてきだとおもう。

フロリダの密林の中で、大自然のちからと闘うホステスに、バーグマンの、あのたくましい体格はもっともふさわしい。

どうも、はなしが逸《そ》れてしまったようだ。

朱に交われば……

夕暮れの神田の町を歩いていると、

「もし、もし。池波の正ちゃんじゃあないの」

突然、背の高い、すっきりと痩《や》せた、品のよい老紳士から声をかけられた。

「はあ……」

まじまじと見たが、どうも、見おぼえがない。

このごろ、老年期へさしかかったかして、とみに記憶力が減退してきている私だけに、こころぼそくなった。

「申しわけありません。どなたでしたか？」

「あは、はは……あなたは忘れちまったろうが、ぼくは、あなたの小説をみんな読んでいるし、ときどき、雑誌で写真も見るから、こうして道で見かけてもすぐわかる」

「おそれいります。ところで……？」

「篠崎ですよ」

「ええっ……」

篠崎幸之助氏は、戦前、私が株屋にいたころ、親友・井上留吉のお客だった人で、いまは、なくなってしまったけれども、むかしは東京でも有名な化粧品を売出していた老舗《しにせ》の息子さんであった。

実に、三十年ぶりの再会である。

篠崎氏は、私の店へ一度もあらわれなかったが、井上と私が三日にあげず一緒にあそび歩いていたものだから、よく、井上と共に諸方へつれて行ってくれ、御馳走《ごちそう》になったものだ。

それにしても見ちがえた。戦前は、三十前だというのに、でっぷりと肥《ふと》った巨漢で、よくのむし、よく食べた人だ。まるで姿かたちが変ってしまっている。

そのころ、篠崎さんは、京都の女性を妻に迎えたばかりであったが、井上と私を相手に、よくこぼした。こぼしぬいた。

「女房の畜生め!!」

と、老舗の御曹子《おんぞうし》にしては乱暴きわまる口調で、さも憎にくしげに、

「いやもう、京都の女なぞ女房にもらうものじゃあねえ」

「どうしてです?」

「どうしてもこうしても君、朝晩、ひでえものを食わせやがる」

「どんなものを?」

「吸物なんざ君、湯をのんでるようなものだし、煮物なんざ君、この世の中に醤油《しょうゆ》も塩も砂糖もねえとしか、おもえねえようなものを食わせやがる。たまったものじゃあない、まったく、実に……」

「そんな女房、追出しちまいなさい」

と、井上もまた、自分の客にずいぶんひどいことをいう。

「追出すとも。追出さずにゃあおくものか!!」

と、会うたびに篠崎さん、脂《あぶら》っこいビーフ・ステーキやら、天ぷらをもりもりと平らげつつ、

「ああ、生返った。私はね、女房のつくるものを食っていると、いまに死んじまう。このごろは外で食うと、本当に生返ったようになるよ」

「追出しちまいなさい」

「ああ、追出す」

追出す、追出すというち、戦雲急を告げ、われわれも、はなればなれとなってしまった。

◇

ところで先日。アルフレッド・ヒッチコックが故国イギリスへ帰ってつくった傑作

〔フレンジー〕を見て、ヒッチ氏の、あまりにもすばらしいカムバックに瞠目《どうもく》した私だが、この映画に出て来るスコットランドヤードのオックスフォード警部（アレック・マッコーウェン扮演《ふんえん》）の夫人が、実に、しとやかで賢明なのはよいが、この夫人、げてもの的精力的フランス料理を毎晩のごとく夫に食べさせる。中年の警部氏は、死ぬおもいで食卓に向い、翌朝、警察へ出勤して来て、出前のベーコンと卵とトーストにむしゃぶりつくのだ。

夫人を演ずるのは、ビビアン・マーチャントで、この夫婦の絶妙なやりとりは、見るものを抱腹絶倒させる。

となりで見ていた三十男がふたり、涙をながして笑いこけつつ、

「けど、身につまされるなあ」

「まったくだ」

と、ささやき合っていたものだ。

このビビアン・マーチャントは、今度、シドニイ・ルメット監督の新作で、ショーン・コネリイ扮する汗くさい禿《は》げ頭の中年警部の妻を演ずるが、これは〔フレンジー〕の、しとやかな夫人とはちがい、気さくな、下町そだちの威勢のよい女房を演《や》っているらしい。

ルメット監督は、あまり食卓に興味がないらしいから、食べる情景については期待

できない。

とにかく〔フレンジー〕の警部を見て、これは手もなく、

（むかしの篠崎さんだなあ……）

と、私はおもった。

◇

さて、三十年ぶりに再会した篠崎さんと私は、連雀町《れんじやく》の〔藪《やぶ》〕で、酒をのむことにした。

私が、天ぷら蕎麦《そば》で酒をのみはじめると、篠崎さんは焼海苔《やきのり》でのみながら、老顔をしかめ、

「よく、そんな、辛《から》い蕎麦が食えるねえ」

と、いうではないか。

「おや……だって、あなた、むかしは、ここの天ぷら蕎麦、大好きだったじゃありませんか」

「辛くて辛くて、東京の蕎麦は……」

いいさして、気負いこみ、

「だめだよ、東京のものは、みんな辛いし、味が濃すぎる」

「だって……？」

「だっても何もないよ、正ちゃん。おお、ときに、井上留吉はどうしているね？」

「行方知れずですよ」

「へえ、そう」

「九州に、いるらしいんですけれど……」

「へえ、そう……ときに、正ちゃん。ちかごろは東京もさ、みんな関西料理になっちまったが、それでも東京でやっていると、いつの間にか、味が濃くなるのだよ。こいつには困るね」

篠崎さん、容姿のみか、味覚までが変ってしまった。

「このごろはねえ、正ちゃん」

と、篠崎さんは焼海苔をつまんで口へはこびつつ、

「隠居したためもあって、外でものを食うのは、実に、めんどうだね。やっぱり、正ちゃん。家内がこしらえる京都ふうの、うす味が、ぼくには、いちばんいいな」

私は胸の中で「勝手にしやがれ」と、いった。

横浜にて

朝の海の剪花《きりばな》は、マドリガルのやうに新鮮だ。一すぢのスミレが、そのあけくれを
飾るから、
ときには、花の店へとびこんで、霧のやうななみだに濡《ぬ》れてゐる。
青空を、インクのやうにうすめて
港が記すオクターブは、
ニグロが歌ふ、鷗《かもめ》の歌にも似て、街の人々に、水母《くらげ》のやうな浮標《ブイ》をおもはせる。
花の店、山果の店。
湯気のあがる栗《くり》をむいて
ほのぼのとニグロがあゆむ、港の朝は
やがて、葩《はなびら》のやうに展《ひら》かれる、
朝市の中から、カーネーシヨンの一茎から
海の剪花のやうにやつてくる。

戦前の横浜は、この詩のように美しい情趣にあふれていたようにおもわれる。

もっとも、それは私が十八歳から二十一歳にかけてのころだから、ただもう漫然と、横浜の町を、道を、港を歩いているだけでも、まるで香りのよい酒をのんだように夢心地なのであった。

つまり、それほどに若い私にとっては、すばらしい町であったことになる。

書き遅れてしまったが、冒頭の詩は若くして亡《な》くなった詩人・山田芳夫の只《ただ》一冊の詩集〔菊の歴史〕第一書房版の中の〔港の朝は……〕である。

当時の私に、

「横浜の存在……」

を、教えてくれたのは、大佛《おさらぎ》次郎氏の小説〔夜の真珠〕と、横浜を背景にした多くの作品を書きつづけた故北林透馬《とうま》氏の小説であった。

「東京の、こんな近くに、こんなすばらしい町があったのか……」

なのである。

同じ兜町にいた親友の井上留吉と二人で、よく出かけたものだが、

「なんだ、つまらねえ。東京とちがうところは海があって船が浮んでいるだけだ。わざわざ来るにはおよばねえじゃあねえか、波さん」

はじめ井上は、すこしもおもしろくなさそうであったが、そのうちに、

「いいところ」を見つけたらしく、私ひとりを〔ホテル・ニューグランド〕へ泊めておき、私の部屋へ、

「エヘ、ヘヘ……おはよう」

などと、朝帰りをするようになった。

そのころ、秋も深まると、港には霧がたちこめ、大桟橋《サウスピアー》に停泊している外国船の甲板を、船員が飼っているペルシャ猫が悠々と歩いているのを見たりした。

関内《かんない》の官庁街も商店街も、しっとりと落ちついたおもむきがあり、弁天通りは外人向けの商店や、しゃれたレストランが物静かに立ちならび、横浜開港のころからの古い商店街・元町を歩いているときと同じようなエキゾチシズムがただよっていた。

この弁天通りに〔スペリオ〕というモダンな店があった。カフェーとも酒場ともレストランともつかぬ、いかにも横浜らしい店で、井上と私は、女給たちにからかわれながら、身のしまった鰈《かれい》のフライでブドウ酒をのんだりしたものだ。ママさんが美しい人で、ときどき、大丸髷《まるまげ》にゆいあげて店へあらわれる。そうした姿が、モダンな店の雰囲気《ふんいき》をいささかもこわさぬ。これが横浜なのである。

戦後に〔スペリオ〕は、近くの馬車道へ移転し、いまも健在だ。

横浜の老友で、伊勢佐木町の近くで〔ホース・ネック〕という酒場の主人でもある

牧野勲氏と馬車道を歩いていて、〔スペリオ〕の看板を見つけ、

「あれは、もと弁天通りの?」

と、問うや、牧野氏がおどろき、

「よく知っていますね。じゃ、これから行きましょう」

と、さそって下すった。店のおもむきは変っていたが、むかしのままの、おっとりとした酒場になっていたのには、さすがにうれしかった。

◇

そのころ大佛次郎氏の姿は、〔ニューグランド〕の酒場で二度ほどお見かけした。大佛氏は颯爽《さつそう》たる白面長身の青年紳士……に見えた。酒場では、いつも〔ビスキ〕のブランデーをのまれていたようだ。

いつであったか……いまにしておもえば、どこかの編集者だとおもうが、中年の人と酒場でのんでおられたが、そのうちに何やら笑い出した大佛氏が、

「いまは、仕事は嫌だなあ」

そういわれた声が、はなれていた私の耳へきこえたのを、いまも、おもい出すことができる。

「あれが、大佛次郎だぜ」

私が井上にささやくと、

「へえ、あれが鞍馬天狗《くらまてんぐ》か……」

井上が感心して、

「寛寿郎《アラカン》に似てるじゃあねえか」

と、いったものである。

とにかく、横浜がおもしろくて、めずらしくてたまらない。取引所が引けてから、三日か四日に一度は出かけたものだが、店を出て昭和通りの日本橋郵便局の前でタクシーをひろい、横浜まで、たしか三円五十銭ほどで行ったとおもう。夜おそくなって、東京へ帰る車をハマで拾うと二円で帰ってくれた。

〔夜の真珠〕の中で、この小説の舞台になっている酒場〔マスコット〕の主人が、

「高野さんは華勝楼《かしようろう》へいらっしゃるって、南京町《ナンキンまち》へ、少し前に皆さんとお出かけになったよ」

というせりふを見れば、ただちに、その店をさがしに行ったりした。

北林透馬氏の小説も、私にとっては横浜の教科書のようなもので、本牧《ほんもく》や外人墓地、丘の上から港の風景をながめながら、何度も歩きまわった。

その当時の横浜の町のおもかげは、いまも元町や南京町の裏通り、路地などに、ひょいと残っている。

それから、曙町の牛なべ屋〔蛇ノ目屋〕へ行くと、私なりに、むかしの横浜をおも

い出す。むかしの〔蛇ノ目屋〕の牛なべは、シラタキもトウフも出さず、牛肉と葱《ねぎ》だけで、入れこみの大座敷で食べさせたものだ。

それになんといっても、〔ホテル・ニューグランド〕のメイン・ロビーだ。

（ここだけは、むかしのままだ）

しみじみと、そうおもう。

それから三十年近くもたって、私が直木賞を受賞し、その授賞式に、選考委員の一人である大佛氏から、お祝いのことばをいただこうなぞとは、それこそ、夢にもおもわぬことであった。

◇

横浜には、いまも微《かす》かに、もはや東京が失ってしまった〔明治〕が残っているような気がする。

私の師・長谷川伸も横浜に生れたが、その少年時代からの友人で、先年亡くなった事業家の内山順老人や、すでにのべた牧野勲氏など、明治生えぬきの老人たちが横浜からはなれずに、わずかながら残っている。

これからは、どしどし変ってしまうであろうが、たとえば、行きずりに入った商店や食べもの屋の品物やサービスに明治人の気骨と親切と、商売への責任感とをくみとることができることもある。

そして、開港地としてひらけた町に住む人びとの、のびやかさと人なつこさを、いまも横浜は残しているのである。

たとえば……。

〔ホテル・ニューグランド〕へ泊って見れば、そのサービスが三十年前のそれとすこしも変らぬといってもよいほどに、

「変らぬ」

ことを知るであろう。

近年、このホテルが一階に新設した喫茶室へ行って、冷たい紅茶を注文すると、香り高い、味わいの濃い、ほんものの〔アイス・ティ〕をはこんで来てくれる。アイスクリームを注文すれば、氷の浮いた水を惜しみもなくサービスする。これがあたり前のことなのだが……。

近ごろ、銀座でも老舗《しにせ》といわれるある店が新設した喫茶室で出す〔アイス・ティ〕は、まるで水だ。

たとえ、レモンの一片は浮いているとしても、これが百五十円である。〔ニューグランド〕の〔アイス・ティ〕も百五十円ながら、それだけの価値がサービスと味の底に〔責任〕となってひそんでいるのである。

◇

昭和二十年三月。

当時、海軍にいた私は、おもいもかけず、横浜の磯子《いそご》にあった〔八〇一空〕の基地へ転勤となった。

その、はじめての外出日に、私は弁天通りの〔スペリオ〕へ行き、電話を借りて、東京のわが家へかけた。

「へえ……ヨコハマにいたのかえ」

と、母も祖母も、びっくりした。

「これからは、外出もできる。ところが、こっちの航空隊では、川崎から向うへは行けねえのだ。だから、そっちから面会に来てくれ。ヨウカンもさらしもとってある。それをやるから、そのかわりに、うめえ香の物《オコウコ》と海苔《のり》をたっぷり巻いたおむすびをたのむ」

母に、こういうと、

「ヨウカンときいたんじゃあ、捨ててもおけない」

というので母が、次の面会日に、桜木町駅まで来てくれた。

なにしろ、私の母というものは、生死をかけて私が横須賀海兵団へ入団するときも、見送りになぞ絶対に来ない。

「お前は悪運が強いから、死にゃあしないよ」

と、これがはなむけのことばであって、私は一人きりで海兵団の門をくぐったものだ。

その日。

母は、もんぺ姿で、約束通りの食物を抱えて来てくれた。当時四十四歳であったはずだが、私には六十の婆《ばあ》さんに見えた。

母をつれて、外人墓地の丘へ行き、海苔むすびと香の物をたっぷりと食べ、母へは戦給品の菓子やらさらし布やらをわたした。

このときの母の印象は、私と暮した五十年の今日までの間で、もっともやさしかったようにおもう。

母は、私にやさしくすることを、

「照れくさい」

と、おもうのである。

以後、東京の空襲が烈《はげ》しくなるにつれ、私も外出日には落ちついていられなくなった。海軍の平常外出は、夕方から翌朝までである。

そこで私は、横浜の滝頭にいた母の従妹《いとこ》の家へ、背広をあずけておき、ここで軍服と着替え、つまり変装して東京へ行った。電車内も駅々にも、海軍巡邏《じゅんら》（陸軍でいう憲兵）の見張りがきびしく、何度、肝《きも》を冷やしたか知れない。

一度、新子安の駅でとがめられて、やむを得ず巡邏の下士官の股間《こかん》を蹴《け》って逃げたことがある。

この下士官と、のちに山陰の米子基地で再会したときは、実に冷汗をかいたものだ。

その下士官は山口兵曹といい、山陰基地でも巡邏をしていたが、ばったりと出会って、さすがに私も肝を冷やし、どんなひどい目にあうかと思っていたら、山口兵曹はにやりとして、

「あのときはひでえことをしやがった」

とそれだけですんだ。

◇

戦後、たびたび横浜へ出かけた。

このごろは、あまり行けない。

南京町に近い、前田橋の傍《そば》のドイツ料理〔ベティ〕へは、よく行ったものだ。

陽気なベティ小母《おば》さんが一人でつくるドイツの家庭料理。豚肉をとろとろに煮込んだスペアリブスや、ロール・ビーフの味がなつかしい。いまも健在らしいが、小母さんは少し老《ふ》けて、瘦《や》せたそうである。

南京町も、堂々たるビルの中華料理店がたちならび、戦前のおもかげは表通りにか

ぎって、まったくない。

わが師・長谷川伸が、

「むかし、ぼくがハマで労働やってたとき、南京町へ行ってラウメンを食べるんだが……すこし金があると、シューマイを食べる」

師の口調は〔ラーメン〕ではなく、あくまでも〔ラウメン〕なのである。

「いつ行ってもうまかったねえ。そりゃあ、むかしへの郷愁が、そうさせるんだろうと、そういう人がいるけれども、ちがうね。やっぱりちがう。ソバの味もスープの味も、シューマイの味も、まるっきりちがうんだよ、君」

だと、いうことである。

横浜へ行って、飯を食べる店もいろいろだが、私は、たとえば、あまり有名ではない相生町《あいおい》の洋食屋〔ナポリ〕でマカロニ・グラタンやオムライスを食べたり、南京町でいうなら、裏通りの〔清風楼〕でシューマイをつまんだりするのが好きだ。同じ裏通りの〔徳記〕のラーメンもよい。これなど恩師に食べさせたら「ラウメンだ」と、いうのではあるまいか。

これからは、暇あるごとに横浜通いを、またはじめようと考えている。

それというのも、数年後に、開港前後の横浜を舞台にした時代小説を書きたいとおもっているからだ。

蕎《そ》麦《ば》

ひとりで町を歩いていて、ひとりで酒がのみたくなったら、私はまず蕎麦屋でのむ。

そして、酒がのみたくなるような蕎麦屋が、東京にはまだ、いくつか残っていることは、まことにうれしいことだ。

浅草並木、神田連雀町、池の端、浜町の〔藪《やぶ》〕に、室町の〔砂場〕。

いろいろという人もいようが、私にとっては、これらの店が、いかにも蕎麦屋らしい風格を残していることを感じないわけにはゆかぬ。

蕎麦だけは、洋食や天ぷらなぞとちがって、どこで、どのようにして食べさせてもよい、というものではない。

益子《ましこ》焼などの、いわゆる民芸品というやつ。あの器へ蕎麦を入れられたのでは、もう東京の蕎麦の軽快で、しゃれた味わいが消えてしまうようにおもう。

池の端の〔藪〕では、焼海苔《やきのり》をとると、小さな木箱の下へ〔火入れ〕をしのばせた、むかしのままの蓋物《ふたもの》へ入れて客へ出す。

〔火入れ〕には、むろん、小さな炭火が入っているのである。当然、焼海苔はうまい。

趣向と実用が一つになっている。

よく出るはなしだが……。

江戸っ子は見栄《みえ》を張って、つゆにちょいと蕎麦をつけて手《た》ぐりこむ。ところが本音は、一度でいいから、どっぷりつゆをつけて蕎麦を食いたい。

死ぬ間ぎわに江戸っ子が、

「せめて、死ぬ前に、蕎麦をどっぷりつゆにつけて食いてえものだ」

といったそうな。この、たとえばなしは、いろいろに流用されているが、ふざけてはいけない。

東京の蕎麦の、たとえば〔藪〕のつゆへ、どっぷりと蕎麦をつけこんでしまっては、とてもとても、

「食べられたものではない」

のである。

あの濃いつゆへ、蕎麦の先をつけてすすりこめば、蕎麦の香りが生きて、つゆの味にとけ合い、うまく食べられるのである。

つゆがうすければ、どんな江戸っ子だって、じゅうぶんにつけてすすりこめばいいのだ。

だからといって、つゆの中へ蕎麦をつけこみ、ちぎったり、くちゃくちゃとかきま

わしたあげく口へ入れて、むしゃむしゃとあごがくたびれるほどに噛《か》んでしまっては仕様がない。

それを、

「蕎麦の食い方を知らぬ」

と、軽蔑《けいべつ》するよりも、

「あれでは、蕎麦の味も香りもわからない」

と、見たほうがよいのである。

◇

日本の蕎麦の歴史というと、これは、かなり古い。

奈良朝以前に、植栽されていたものと考えられる。

日本へは、北方から朝鮮を経て渡来したものであろう。

往古は、米麦が不作のとき、蕎麦粉をもって、その助けとしたものらしい。

むかしの書物にも、

「……土地の肥瘠《ひせき》を論ぜず、一候七十五日にして実熟し、凶荒の備えには便宜なり」

などと記してある。

むかしは、蕎麦の実を粉に挽《ひ》き、熱湯にこねたものを食べたのだろう。いわゆる

〔砂場〕〔蕎麦掻《が》き〕なのだが、その洗練されたかたちが、いまも、日本橋・室町の〔砂場〕へ行くと味わえる。塗物の中へ熱湯をみたし、木ノ葉型にととのえた〔蕎麦掻き〕を薬味とつゆで食べながら酒をのむのは、夏でも悪くないものだ。

蕎麦粉に、つなぎとして小麦粉をまぜ、はじめて麺《めん》の形態をしめすようになったのは、江戸初期に朝鮮の僧・元珍が、これを日本につたえたという説もあるが……。

いちおう、蕎麦が麺のかたちとなって客に供されたのは、寛文四年（一六六四）前後のころだったそうな。

いわゆる〔蕎麦切《そばきり》〕とよばれて、これが大流行となった。

とにかく、都会ならば、弁当を持たないで外出しても、外食ができるようになったわけだ。

これは、戦乱の世が終って、徳川将軍の威令の下に天下泰平の世となった余裕が、そうした便利を生み出したものであろう。現代人の眼からみると想像もつかぬほど、人びとはよろこんだにちがいない。

そのころの〔蕎麦切〕のおもかげをしのびたいのなら、地方都市で「うまい」といわれる蕎麦屋へ行くことだ。飛騨高山の〔えびす〕などもよいが、東京では、神田の須田町の〔まつや〕の酒もみの太打《ふとう》ちを特別注文すると、往時の〔蕎麦切〕のおもかげをしのぶことができるであろう。

〔まつや〕は、近くの連雀町の〔藪〕の名声にかくれてしまい、地味にやっているが、

「知る人ぞ知る……」

名店だと、私はおもっている。

以前は、いつ行っても酒もみを打ってくれたが、このごろは人手不足なのか、前もって予約しておかぬと食べられない。

といっても、主人は親切な人で、先日、久しぶりに家《うち》のものと出かけ、

「酒もみをしてくれないかね？」

といったら、

「ちょうど、手があいておりますから……」

こころよく、打ってくれた。

いうまでもなく、ほかの蕎麦もうまいのである。

さて……。

元禄《げんろく》時代になると、蕎麦の調理もいろいろと工夫されてきたらしい。

私は、大石内蔵助《くらのすけ》を主人公にした〔おれの足音〕という小説の中で、江戸へ出て来た内蔵助に蕎麦を食べさせている。

当時、日本橋・北詰の裏河岸にあって評判をとっていた〔日野伝《ひのでん》〕という蕎麦屋で、旧友の服部《はっとり》小平次と共に内蔵助が蕎麦を食べるシーンを、ぬき書きして見ようか。

大石内蔵助が、まだ家老になったばかりのころ、江戸へ来てそばを食べたときは、ふとく打った黒いそばを、箸《はし》でちぎるようにして口へはこんだものだが（中略）いまは江戸市中の蕎麦屋の調理の仕方も工夫されてきて、たとえば〔蒸切《むしきり》そば〕などというのもできるようになった。これは湯でさらしたそばを水で洗い、せいろに入れて熱く蒸しあげ、柚子《ゆず》の香りのするつゆにつけて食べる。

内蔵助は「冬は、これにかぎる」なぞといって、食べはじめるわけだ。

◇

亡師・長谷川伸が、

「そうだなあ。ぼくや七保《なお》（夫人）のことを、いちばんよく知っているのは、佐藤君だろうねえ」

と、よく私に、はなしたものだ。

その佐藤要氏。

この人は、長谷川伸の作歌のほうの関係で、むかしから長谷川家へ親しく出入りをしていた人だ。

長谷川師の歌というのは、天保年間に、かの都々逸坊扇歌《どどいつぼうせんか》が創始し、江戸から日本諸国へひろまった都々逸節の二十六文字詩型をもって庶民の詩情をうたいあげたもので、名も〔大衆詩〕とか〔街歌《がいか》〕とかの名称をつけ、「都新聞《みやこ》」に愛好者の投稿欄をもうけ、長谷川師や、平山蘆江《ろこう》・伊藤みはるの二氏が選にあたられた。

私の母方の叔父・今井敏郎も、その投稿者のひとりから、しだいにみとめられ、ついには〔街歌〕の雑誌を主宰するようになったりしたものだ。佐藤氏や叔父は、こうした方面から長谷川師の知遇をうけたわけだが……まだ、長谷川師が劇作家としても小説家としても第一歩をふみ出したころ、一時、東京から京都へ移住されたことがある。

そのときの住居は、いまも五条坂近くの小路に残っている。

佐藤要夫妻は、京都出身で、当時は京に住んでいて、

「あのときはずいぶん、佐藤君夫婦にめんどうをかけたものだ」

と、しみじみ長谷川師が語られたことがある。

当時の長谷川師は、長年の新聞記者生活から引退し、いよいよ文筆をもって世に出ようとされていただけに、短い期間であったが、京都での生活には、

「雌伏の苦労」

があったことと、おもわれる。

そのころの先生について、佐藤要氏が、こんなことをはなしてくれた。

「そのころの長谷川先生はね、正ちゃん。朝飯を食べると、奥さんから十銭うけ取って外へ出る。京都の町々を歩きまわって、ずいぶん細かに見物する。それから五銭で蕎麦を食べるか、コーヒーをのむかする。デパートの食堂でね。それから残りの五銭で銭湯へ入り、家へ帰って来る。帰って来てから仕事をはじめる。これがまあ、日課だったね」

佐藤氏は、先生の家のすぐ近くに住んでおられたらしい。

叔父の今井敏郎にとって佐藤氏は、歌のほうの先輩というわけで、私の家へも、佐藤氏がよくやって来られ、よく私に五十銭玉をくれたりしたものだ。私の母とも、よく知っている。

去年の秋に、長谷川未亡人の墓へ佐藤氏と詣《もう》でた帰り、私の宅へ来られて母と四十年ぶりに会い、たがいになつかしがっていた。

それから間もなく、今年に入って一月の二日。突然、佐藤氏が死去された。

人形町の佐藤家へ行き、未亡人の案内で線香をあげ、語り合って辞去すると、外は凍りつくような寒夜である。

(こういうときには、ぜひとも蕎麦を食べなくては……)

と、おもい、近くの浜町の〔藪〕へおもむき、鴨南《かもなん》ばんで熱い酒をのんだ。酒と蕎麦の味が、このような寒夜には、腸《はらわた》へしみとおるようにうまいものだ。

佐藤要氏も、蕎麦が大好物であった。

◇

長谷川師の歌に、

手からはなした万年筆の
音が耳立つ午前二時

というのがある。

いかに、従来の四畳半趣味の都々逸とちがうものを目ざしていたかがわかる一例だ。

その午前二時。私は、腹がへって来ると万年筆をはなして階下の台所へ下りて行くことがある。

むしょうに蕎麦が食べたくなったときだ。母も家人も、夜半から朝まで私の仕事時間には寝かしてしまう。

ちかごろは、麻布永坂の〔更科《さらしな》〕が売出している〔ほしそば〕と罐《かん》入りの〔つゆ〕が相当にうまい。

熱湯へ、ほしそばを入れ、ふきあがったところへさし水を二度、ちょっとおいて〔あげ加減〕を見てから引きあげ、冷水にさらす。私でもすぐにできる。外へ出て食べるようにはまいらぬが、自分でやると〔あげ加減〕が好きにできるので、おもしろい。

〔つゆ〕は出来ているのだから、ときにはショウガをすり下ろしたり、信州ふうに大根おろしで食べたり、卵の黄身をそばへまぶしたりするが、たいていは、七味唐がらしのみで食べる。ネギもつかわぬ。

家のものは蕎麦が大好物だが、母は東京生れのくせに、あまり興味をしめさぬ。七十をこえた老母の好物は、すしは別として、あぶらっこい牛肉や、鰻《うなぎ》・天ぷらなどである。

蕎麦も、鮨《すし》と同様に、きわめて清らかにつくられてなくてはならない。

そして、しかるべき店で、これを食べると、味のみでない雰囲気がかもし出され、それをたのしむことができる。

木曾・福島の〔車屋〕の蕎麦。

木曾川のほとりの橋畔《きょうはん》にある、この店は評判の店で、昼どきは大混雑となるが、広い入れこみの、炉を切ってある大座敷へあがりこみ、木曾名物のすんき漬を刻んでのせた熱い蕎麦を食べた十五年前の、冬の夕暮れを、いまも忘れかねている。

去年、久しぶりに木曾路を歩いた九月、〔車屋〕へも立寄り、木曾の山からわき出す水でさらした蕎麦をたべたが、やはり、よかった。

信州・上田の〔藪〕もよいが、町外れの〔刀屋〕の手打ち、これも忘れられぬ。

〔刀屋〕の手打ちは、その切り方、のばし方など一分の狂いもなく、実にみごとなものだ。

おなぐさみに、私が信州の知人から教えられた蕎麦の〔うす焼〕というのを紹介しよう。

蕎麦粉をとろりと溶いてフライパンへながしこむ。

大きさは好みにしてうす焼にし、これを引きあげ、その上へ、ショウガとニンニクをおろしたものと味噌《みそ》をねり合わせておいたのを塗るようにして置き、きざみネギを入れ、二つに折って熱いうちに食べる。ちょいと、うまい。

酒

私の亡父・富治郎は、大変な酒のみであって、私が生れたころ、気が向くと一夜に二升は、「軽く、のんだ」

と、母がいう。

それでいて、すこしも乱れず、のみ終えると、すぐにねむってしまうのだが、おもしろくないことがあるとふとんにもぐったきり、三日でも四日でも起きない。

「いつ、便所へ行くのか、物を食べるのか、それがわからない」

のだそうだが、いつの間にか、お鉢が空《から》になっているところを見ると、どうやら真夜中に食べていたものらしい。

なにしろ、私が生れた雪の朝も、前の晩に深酒をして、二階でねむりこんでいた父へ、

「男の子さんが生れましたよ」

と、産婆《さんば》が駆けあがって来て知らせるや、父は、

「寒いから、後で見ます」

といったそうな。

「とにかく変人だったよ」

母はそういうが、私も父の子で、四つか五つのころに、台所の一升びんから酒をゴクゴクとのみ、躰中《からだじゅう》に火がついたようになって苦悶《くもん》した。

その日も雪であった。

すると父は、戸外の積雪の上へ私を抱いて行って、ころがしころがし、

「こうすると、すぐに酔いがさめるから……」

といい、私を雪だらけにしてしまった。

私は父ほどの酒のみではないけれども、一日とて酒をのまぬ日はない。

小説を書いていると、酒が何よりのたのしみでもあるし、自分の健康は酒によって、維持されているようにおもえる。

家での晩酌は、日本酒なら二合。ウイスキーなら、オンザロックを三、四杯というところで、それから食事をすませ、ベッドへころがってテレビのニュースを見るうち、一時間ほど、ぐっすりとねむってしまう。

これが自分の躰には、とてもよいような気がする。

按摩《あんま》をたのむときも、このときの目ざめに来てもらう。

「酒のあと一時間たってから、もむのは、いちばんいいのです」

と、いつか信州の或町《あるまち》で、経験の豊富な老人の按摩さんにいわれたことがある。仕事は夜半から朝にかけてするが、その日の仕事がどうやらすみ、寝しなにのむウイスキーほど、うまいものはない。

書けないで苦しんでいるときは、一口ものまぬ。

しかし、筆がのって来て、ぐんぐん書けているときは、古いベニー・グッドマンのレコードをかけながら、ぐいぐいとウイスキーをのみ、のみつつ書くことが一年に数度はある。

こういうとき、書けた原稿は、自分のものとしてはたいてい、うまく行っている場合が多い。

◇

晩酌は、膳《ぜん》に出る食べものによって、家のものが日本酒、ウイスキー、ブドウ酒、ビールなどをはこんで来る。

家でのむ日本酒では、一度もないことだが、外の、それも東京では名の通った店で、時折り、薬くさい日本酒をのまされる。

先日も、或店で、友人三人とのみ、帰宅したら、どうにも頭がぼんやりして、吐き気がしてくる。夜半になったら頭痛が烈《はげ》しくなり、どうにもならず、仕事はやめて、寝てしまった。

（これはおれだけだな。五合やそこらの酒で、こんなになっちまうのか……おれも弱ったものだ）

なさけなくなった。

次の日、前夜のうちの友人Aが電話をかけてきて、

「どうだ、昨夜……？」

「どうだって、何が？」

「変じゃなかったか？」

「何が？」

「吐き気しなかったか、頭、痛くなかったか？」

「お前も？」

「やっぱり、お前も？」

「そうだ」

「おれもだ」

そこで、前夜共にのんだBとCへ電話して見ると、二人とも、昨夜から今朝にかけて、ひどい目にあった、と、こたえた。

酒の知識はないが、どうも、このごろは薬くさい酒がふえた。

戦後の酒は、甘くなったなどといわれるが、辛い甘いのさわぎではない。どんなものをのまされるか、知れたものではないような気がする。すでにのべた一件は症状がひどすぎたので書いたわけだが、以前から、薬くさい酒をのんだときと、そうでない酒をのんだときでは、酔いもちがうし、さめたあとも、気味がわるいほどにちがう。

同じ銘柄で、味がまったくちがうこともある。

こういうことは、私や私の友人たちだけが感じているのだろうか。それとも……?

信州・上田にいる旧友の益子輝之が、

「よい酒です」

と、送ってくれた信州・戸倉でつくっている〔月の井〕という地酒が好きになり、このごろは信州へ旅するたびに買って来てのんでいる。

〔月の井〕にかぎらず、諸国の地酒をのんでいると、安心してのめるような気がしてならぬ。

酒のことは別にしても、清涼飲料に毒物が入っていたり、ベビー・パウダーが幼児を殺したりする世の中だから、油断も隙《すき》もあったものではない。

酒も大量生産をしているわけだから、いろいろと薬品の処理もおこなわれるのだろうが、近ごろはすこしでも薬のにおいがするときは、のまぬことにした。

われわれごときの才覚では、そうするよりほかに道はない。

ところで、私が飼っているシャム猫は、清酒が大好物だ。

深夜。のこのこと書斎へ入って来て、ひとりで机に向っている私のひざへ乗り、しきりに鼻を鳴らす。

酒がほしいのだ。

私の書斎には、私ひとりで酒の仕度ができるようになっている。

いまも、私のひざで鼻を鳴らしている。小皿へ清酒をついで、彼女がピチャピチャとたのしむところをながめることにしよう。

芋ノコ汁

先頃、三好徹《みよしとおる》、吉村昭《よしむらあきら》両氏と共に、東北地方へ四泊五日の講演旅行に出かけた。第一日は、山形県の新庄市で、二日目が秋田県へ入って大曲市《おおまがり》であった。

宿舎は、市外の田園地帯の中にわき出したという鉱泉をつかった、いわばヘルス・センターのようなところの別館だが、木の香もすがすがしい浴室つきの部屋で、窓を開けると一面の畑だ。なかなかよい。

この講演旅行の主催は東京の出版社だが、その土地土地によって後援団体が、それぞれにちがう。

大曲市では、市の教育委員会と市立図書館が、これに当った。宿舎へ案内してくれた人びとは、いずれも親切に、われわれの世話をやいてくれる。

私に割当てられた部屋へ入って、ひとり、茶をのんでいると、肥《ふと》った女中が入って来て、となりの寝室のカギをしめてから立去った。このとき私は、まだ、となりに別の寝室があるとはおもってもいなかったのだが、しばらくして、廊下をへだてた三好徹氏の部屋へ行くと、三好氏がくだんの寝室からあらわれたではないか。

「や……そこは、ベッド・ルームですか」

「そうですよ。それなのに女中がカギをしめて行っちまったもんだから、いま、開けさせたんです。いや、女中に罪はないんですよ。教育委員会のじいさまたちが、すぐわれわれのベッド・ルームのカギをしめろ、と女中にいいつけたらしいんです」

「ははあ……」

中を見せてもらうと、ピンクのふとんをしきつめたダブル・ベッドで、なかなかよろしい。

「こりゃあ何ですな。われわれがよほどの好色漢に見られたらしい。つくや否《いな》や、女中か何かをここへ引張りこんで、妙なことでもするとおもったんじゃないですか」

と、三好氏。

「教育委員会らしい」

「あは、はは……」

二人とも愉快になってきた。旅で、こういうことがあるのは実にたのしい。

「しかし、もしかすると、このようになまめかしいベッド・ルームを、あかるい日中に、われわれに見せては、かえって失礼にあたる、と考えたのかも知れませんね」

と、三好氏が推理作家らしく、いろいろに考えはじめる。

「ま、そうしておきましょう」

女中をよんで、私も寝室のカギを開けさせた。

そこへ、電話が鳴った。三好氏が出て、

「ぼくは、どこへも電話なんか、かけませんよ」といい、切ってしまった。私は部屋へもどり、入浴して出て来ると、今度は私の部屋の電話が鳴った。

「もしもし」

電話器を取ると、混線している。いろんな人の声が入って来て、何か怒鳴ってい、それにまじって、フロントをあずかる老人の声が、しきりにあやまっている。

「もしもし、どうしたんだね？」

ぼくがいうと、老人の声が、

「そこは、百合《ゆり》の間でシか？」

「ちがう。富士の間だ」

「すみません」

電話が切れた。

しばらくして、また電話が鳴った。フロントの老人が、「東京からお電話です」という。私は「ここへつなげないのか」といった。「つなげません」「だって、こっちからはかかるじゃないか」「そうです。ですが、向うからかかって来るのはつなげないのです」と、老人が泣出しそうな声でこたえた。

そこで、階下のフロントへ馳《か》け下りて行くと、同時に、吉村昭氏も馳けつけて来た。これも、「東京から電話です」とよばれたらしい。

「いったい、どうしたんだね？」

「それが、どうも……」

小さな、やせた老人が汗だらけになって新しい交換台と格闘してい、いつの間にか、東京からの電話は切れてしまっていた。どうも、外から電話がかかってくると、老人、めったやたらに、プラグを各部屋の穴へ突きこんでしまうらしい。

あとで肥った女中にきくと、老人、もう半年もフロントで奮闘をしつづけ、いまだに電話のつなぎ方もわからぬらしい。

「困ったね」

「エへ、へへ……」

と、女中は笑った。この女中さんは大へんによく気がつき、われわれのめんどうを見てくれたので、私はすこしチップをあげた。

私は女中にきいた。

「夜は、例のごとく、刺身やら、鶏《とり》のモモ焼やらが出るんだろう」

「ハイ」

そこで私は、

「この辺の家庭で、いまごろ、よく、芋ノコ汁というのをつくるだろう」

「ハイ」

「夜は芋ノコ汁を大鍋《おおなべ》で出せよ。ほかのものはいらない」

「ハイ」

と、素直である。

講演を終えて帰り、十時頃から食事がはじまった。他の料理も出たが、大鍋に、あぶらの乗った鶏肉と里芋・ネギ・豆腐・芹《せり》などが、ぷつぷつと煮えているのが、もっともおいしく、われわれは三杯もおかわりをした。

こういうことができたのは、このあたりの民俗にくわしい吉村昭氏のおかげである。私は前日、吉村氏から芋ノコ汁のことをきいていたのだ。

「ああ、うまい。ああ、いい宿だね」

「土地のものを食べさせてもらうにかぎる」

われわれは地酒に酔い、芋ノコ汁に飽満し、なまめかしいベッド・ルームで快適にねむった。

翌朝、八時。俄然《がぜん》、電話のベルに起された。

（またか……）

と、おもったが出ぬわけにもゆかぬ。受話器を取ると、三好氏の怒声がきこえた。

「君イ、ここは鳥海《ちようかい》の間だよ。百合の間じゃあない。いっぺんに、ほうぼうの穴へプラグをさしこむからいけないんだ。よく見て、さしこめ」

怒るのも、むりはない。三好氏は明け方まで仕事をしていたのだ。

朝飯となった。やせた女中が給仕をする。

「あの肥った女中《ひと》、どうした？」

「あの人は、ここの社長さんのお嬢さんで、いま、家へ帰って休んでいます」

出発の時が来た。フロントで、老人が必死に、交換台へしがみついている。

われわれは、親愛の眼を老人に投げた。実に親切で人の善い老人なのである。

「いい宿でしたね」

「芋ノコ汁がよかった」

「ぼくはすこし、寝不足ですよ」

奈良から柳生《やぎゅう》へ

H社の取材で、奈良県の桜井に住む剣匠《けんしょう》の家を訪ね、〔奈良ホテル〕へもどると、急に、夕闇《ゆうやみ》が冷えてきはじめた。

シャワーを浴びてからカメラマンの渡部雄吉ほか二氏と共に、とっぷりと暮れた奈良の町へ出た。

今夜は〔江戸三〕で若草鍋《なべ》を食べることになっている。

奈良へ数え切れぬほど来ている私だが、宿はいつも〔奈良ホテル〕。食事もホテルですますのが常であった。

そこで、

「今度は外で夕飯をやろう」

と、いうことになり、私たちは〔江戸三〕をえらんだ。

料亭でもあり旅館でもある〔江戸三〕の名は、むかしから耳にしている。

初代の主人が、大阪の江戸堀三丁目から奈良へ移り、店をひらいたので〔江戸三〕というのだが、この料亭は奈良公園の一ノ鳥居を入った右側の高処《たかみ》にあり、奈良には

何度も足を運んでいる私たち……ことに、カメラマンとして長年月にわたり、奈良へ来ている渡部氏ですら、

「へえ。こんなところにあったのか……」

と、おどろくほどに、深い木立の蔭《かげ》をさぐって、ようやく〔江戸三〕を見つけたのであった。

その公園の木蔭に、いくつもの〔離れ〕が点在し、つつましい灯影をのぞかせている。

「むかしの、のんびりとした時代だったから、この公園の中に、こんな料亭が店をひらくことができたんですな。いまでは、とてもこうはいかない」

と、I君がいった。

小さな離れへ入り、まず酒を注文してから、障子をすべて開け放った。すこし冷えてきたけれども、秋の夜の闇にひろがるしずかな奈良公園を見ながら、飲んだり食べたりしたかったからである。

奈良女の仲居が、ほがらかに世話をやいてくれた。

「うちの若草鍋の歴史は古いのでしてねえ、このごろ流行《はやり》の何々鍋とやらいうのとはちがいますのや」

と、仲居が自慢をした。

大きな土鍋で、鯛《たい》、ハモ、ハマグリ、鶏《とり》、白菜、ハルサメ、湯葉、それに、まだひくひくとうごいている伊勢海老《いせえび》など多彩な魚菜を入れ、煮えたところをもみじおろしで食べる。

開け放った障子の向うから秋の冷気がながれこんできて、熱い鍋料理の味を層倍のものとする。

公園の其処此処《そこここ》で、しきりに鹿《しか》が鳴いている。

いまが、鹿たちの恋愛の季節である。

突然、障子の向うから、精気にみちみちた牡鹿《おじか》の顔が垣根ごしにぬっとあらわれた。

「ひえっ……」

と、渡部雄吉氏が箸《はし》をとり落して、

「す、凄《すご》いですなあ」

うめくように、いった。

牡鹿の両眼がらんらんと光り、部屋の中の私たちを、だまって見つめている。

私も渡部氏と同感であった。

交尾期の気が昂《たか》ぶっている牡鹿でなくとも、たとえば晩春の陽光がふりそそいでいる奈良公園の草の上や木蔭に寝そべっている牡鹿のかたわらを通りすぎるときなど、ちらりとこちらを見る牡鹿の眼つきが、いいようもなく不気味に感じられることがある。

私はどうも、鹿の……ことに牡鹿の眼つきが、あまり好きではない。

すーっと、牡鹿が私たちから遠ざかり、闇に消えた。

私たちはまた、鍋へ箸をはこんだ。

◇

翌朝も、快晴であった。

食堂で、メニューを見ながら、

(今朝は、あまり食べてはいけないいな)

と、おもう。

今日の昼飯は、伊賀上野市の牛肉屋〔金谷《かなや》〕で、たっぷりと牛鍋をやることになっているからだ。

「ぼく、ベーコンとグレープ・フルーツとトースト。それだけでいい。ベーコンはさっと炒《いた》めるだけにしてよ。カリカリに焼いたらダメだよ。生焼《なまや》けにしてね」

と、渡部カメラ氏がボーイに念を押している。

私も、渡部氏に慣《なら》うことにした。

ただし、トーストのかわりにホット・ケーキをたのむ。このホテルのホット・ケーキはあまり大きくないのがよい。ホット・ケーキの間へ生焼けのベーコンをはさみ、シロップをかけて朝に食べるのは、大好きである。

朝食が終って、H社の人たちと渡部氏がホテルを発《た》った。

私は身仕度をととのえ、ロビーへ下りて、京都からここへやって来る風間完画伯と編集部のS記者を待った。

朝の〔奈良ホテル〕の、庭に面したロビーはよい。

若草山が青空にくっきりと浮きあがって見え、うすく色づいた樹々《きぎ》がすっかりねむりからさめ、しだいに陽光があたたかくなってくる。奈良の夜も朝も今ごろになると、かなり冷える。

「やあ、お待たせしました」

と、S記者が元気よくあらわれ、そのうしろから風間氏が、

「う……」

わずかにうなり声を発して手をあげた。

ほとんど喜怒哀楽を顔にあらわさぬ風間氏の風貌《ふうぼう》は、それでいて冷たいものでなく、旅をいっしょにするときは実にたのしみな人である。

駅のプラットホームに立って列車を待っていると、突然、

「池波さん退屈しちゃったから、仁丹《じんたん》でも嚙《か》みましょう」

と、売店から仁丹を買い、私に分けてくれたりする。これが風間画伯の真髄である。

ホテルを出て、車に乗ってから、

「さて、どこを通って伊賀上野へ行くかな。笠置《かさぎ》から柳生ではどうです?」

と、S記者。

「結構ですね」

ところで風間氏は、いつも助手席へ乗る。

窓外の風景をカメラにおさめるためである。

こうして撮った資料が山のごとく積重ねられた画室で、氏の仕事が充実して行くのである。

柳生から伊賀上野へ

柳生の里は、森閑と、しずまり返っていた。

柿《かき》の実が赤い。

私が柳生へ来たのは、これが三度目である。

はじめは、「週刊朝日」が企画した〔日本剣客伝〕のうち、上泉伊勢守の一篇をうけもったので、伊勢守とはもっとも縁のふかい柳生家をしらべるために、この地をおとずれたのであった。

つぎは、三年ほど前に、あるテレビ局の依頼で、柳生の里を紀行するという内容の番組に出て、奈良から山道の柳生街道をカメラマンやディレクターと共に歩き、柳生へ来たのである。

そのころはまだ、柳生家の菩提所《ぼだいしょ》である芳徳禅寺の橋本定芳和尚《おしよう》も生きておられ、いろいろと、おはなしをきいたものであった。

定芳和尚は、なんでも元は画家だったそうである。それが昭和のはじめに一念発起して柳生の荒れ寺だった芳徳寺へ来住し、寺域の整備やら建物の増築、さらには養護施設である成美学寮の経営をはじめ、やがて、むかし柳生家の道場があった正木坂《まさきざか》の上へ創禅道場を建設するにいたった。

こうした土台の上に、テレビで放映された柳生一族のドラマの人気が、それこそ雲《う》霞《か》のごとき見物の人びとを柳生の里へ呼びまねくことになった。

その名残りが、いくつかの茶店や食堂の増加に見られる。

私がはじめに行ったときは、柳生の里に、只《ただ》の一軒の食堂もレストランもなかった。

そしていま、ふたたび、柳生は平穏の里にもどった。

当時の混雑ぶりは、

「二十分で行ける道程《みちのり》が、土曜日曜には二時間もかかった」

という、私たちの乗った車の運転手のことばでも、うなずけよう。

石舟斎や十兵衛や但馬守《たじまのかみ》や飛騨守がねむる芳徳寺の墓所には人の気配もなく、秋の陽ざしがみちわたっていた。

柳生の里へも芳徳寺へも、ブームの金は落ちたであろう。

芳徳寺の養護施設が、いま、立派な近代建築となって出来あがっていた。

落ちた金を、芳徳寺はこうして見事に役立てたのである。近ごろ、めずらしいことだし、また、芳徳寺自体、ブームの後の荒廃がいささかも見られない。

これが、私には何よりもうれしかった。

◇

柳生からふたたび笠置へもどり、伊賀の上野市へ入ったのは昼すぎであった。

「もう大丈夫。食べられるね」

「いいですとも」

というので、三人は、まっすぐ〔金谷〕へ車をつけた。

上野市に〔天神さま〕とよばれる菅原《すがわら》神社がある。その近くに、牛肉のすき焼で知られた〔金谷〕があった。

このあたりを農人《のうにん》町という。

旧藩時代は百姓地であったのだろうが、明治以後、町屋となったものか……いずれにしても古い町なみである。〔金谷〕の階下は普通の肉屋であった。そのガラスのケースの中へならんだ牛肉の色艶《いろつや》をながめて、私たちは、

「これは、いいぞ」

なまつばを、のみこんだものである。

〔金谷〕の初代主人は、伊賀牛の味覚を全国にひろげた大功労者だそうな。

それにしても、何の気どりもなく、てらいもない店ではある。

古びた、落ちついた二階座敷へあがると、道をへだてた向うに黒い瓦《かわら》屋根がつらな

り、道を通る自動車の音すらきこえない。

牛肉が、はこばれてきた。

赤い肉の色に、うすく靄《もや》がかかっている。

鮮烈な松阪牛の赤い色とはちがう。

松阪の牛肉が丹精をこめて飼育された処女なら、こちらの伊賀牛はこ、って、り、とあぶらが乗った年増女《としまおんな》である。

牛の脂身《あぶらみ》とバターとで、まず〔バター焼〕を食べた。

「むう……こりゃあ……」

と、味にうるさい風間完画伯。牛肉をほおばってうなり声をあげ、

「こりゃあ、いい」

と、のたまう。

さらに、たっぷりと松茸《まつたけ》をあしらい、ネギやキャベツを加えて三人が、息もつかずに三人前を、たちまちにたいらげた。

もちろん、これではすまない。

バター焼のあとで〔すき焼〕をやらなくてはならぬ。

ちなみにいえば……。

〔金谷〕の一人前は、東京の名前が通った〔すき焼屋〕の二人前にあたる。値段はと

いうと、東京の半分……といえないまでも五分の二は安い。

つぎは、いよいよ〔すき焼〕だが、これは関西ふうに醬油《しょうゆ》と砂糖をあしらいつつ、座敷女中が焼いてくれる。

「さあ、さあ、いまが食べごろです」

と、これも伊賀牛のような女ざかりの女中が、懸命にもてなしてくれる。

「君は、薩摩《さつま》女性《おごじょ》だろう?」

私がきくと、

「よう、わかりましたなあ」

女中が、びっくりしていた。

私は〔人斬《き》り半次郎〕という長篇を書いたとき、主人公・桐野《きりの》利秋《としあき》をしらべに鹿児島へ何度も行き、薩摩美人の顔には強いイメージをもっているから、すぐにわかったのだ。

煮えつまって、こげつきかけた肉と野菜を御飯にかけて食べ終えたとき、

「ああ、よかった。うめえ、うめえ」

と、めずらしく風間完氏が嘆声を発した。

そこで、

「完画伯、金谷の肉で、上きげん」

なぞという迷句ができる。

実際、ポーカー・フェースの完画伯が上きげんになることなど、一年に二度ほどではなかろうか。

料理も味つけも別にどうということはない。

ただ、伊賀肉のうまさを、そのままに生かしたうまさであった。

それに、この店の何ともいえぬ、のびやかなもてなしが、味覚を層倍のたのしさにしてくれたのであった。

伊賀上野

伊賀の上野というところは、俗にいう〔日本三大仇討《あだうち》〕の一つである荒木又右衛《またえ》門《もん》・渡辺数馬《かずま》の伊賀越《ごえ》の仇討ちで知られている。

この事件は、備前・岡山の池田忠雄の家来・河合又五郎が、同家中《かちゅう》の渡辺源太夫を斬殺《ざんさつ》したことにはじまる。そして、又五郎が江戸へ逃げ、旗本・安藤治右衛門の庇護《ひご》下へ入ったことにより、問題がさらに大きなものとなった。

当時は、長い戦国の世が終り、徳川幕府が天下を統一してから日も浅く、諸国大名と、徳川将軍直属の家臣である旗本との対抗意識がたがいに強く、紛争が絶えなかった。

その大名の家来が人を殺し、旗本にかくまわれたということになると、これは単に、河合と渡辺の紛争ではなくなり、大名と旗本の対決にもちこまれたわけだ。

そこで、大和郡山《こおりやま》の松平家に仕えていた荒木又右衛門が、妻みねの弟であり、殺された源太夫の兄でもある渡辺数馬をたすけて、河合又五郎を討つことになった。

いわば、荒木・渡辺は大名方の代表選手。河合方は旗本の代表選手というかたちとなり、寛永十一年十一月七日に、奈良から江戸へ向う河合又五郎一行二十余名を、荒木・渡辺方の四名が伊賀の上野に待ちうけ、決闘を挑んだのである。

いまからおよそ、三百四十年ほど前のことだ。

単なる復讐《ふくしゅう》ではなく、当時の政治にも深く関《かか》わりあっているし、いまだ戦国のころの気風をうしなわぬ武士たちの人間性が躍動している大事件だけに、しらべて見ると実におもしろい。

もう十年も前のことだが、ある雑誌で〔剣豪小説〕の特集があり、そのとき私は、柳生流の剣士でもあった荒木又右衛門をわりあてられた。

私の亡師・長谷川伸には長篇の〔荒木又右衛門〕という史伝小説の名作がある。

私は師の小説とは別に、いろいろしらべて見たが、わからぬところがいくつも出てきた。五十枚ほどの短篇であったが、このときは自分の勉強のためにとおもい、はじめて伊賀上野へも出かけたし、念には念を入れて書こうとおもった。

そこで、いくつもの疑問にこたえてもらうため、師のもとへ行くと、

「君の質問がつづくかぎり、何日かかってもいいよ」

長谷川師は、こういって下すった。

それから毎日三時間、合わせて四日ほどは長谷川邸へ通ったろうか。質問といっても単に荒木又右衛門だけに限らず、当時の武家社会のありさまから経済・政治情勢、

伊賀の上野・鍵屋ヶ辻

風俗にいたるまで、私としては貪欲《どんよく》に質問をしたのである。

　質問といっても、私ごときのものは実のあるそれが、五つに一つ出ればよいほうであったから、長谷川家を辞して帰宅すると、つぎの日の質問を得るため、こちらも必死で勉強しておく。

　こうして書いた私の〔荒木又右衛門〕は、いま読返して見ると不足不満だらけの小説であったが、このとき師からうけた薫陶《くんとう》をいまおもうとき、おのずから涙がにじんでくる。

　師は、こちらにその気があるならば門下のだれにも、このようにして、それぞれの持味をこわさぬよう、いわゆる「ぶつかり稽古《げいこ》」をして下すったのである。

◇

荒木・渡辺が河合一行を要撃した上野城下の鍵屋《かぎや》ヶ辻《つじ》に立つと、西方の長田川にかかる長田橋を河合又五郎一行が馬をつらねて城下へ入って来るありさまが、十年前には、

（眼にうかぶような……）

おもいがしたものだ。

しかしいまは、風致がまったく変ってしまい、そのおもかげは消えた。

鍵屋ヶ辻の、又右衛門が数馬と共に身をひそませていたという茶店の〔鍵屋〕だけが、

みぎいせミち・ひだりなら路

としるした石の道標を前に、古風なたたずまいを見せている。

この茶店の物蔭《ものかげ》から躍り出した荒木又右衛門は、敵《かたき》・河合又五郎の伯父で豪勇の河合甚左衛門の馬側へ駆寄り、名乗りをかけて足へ斬りつけ、甚左衛門が馬からころげ落ちたところを討ち取った。

これから、又五郎・数馬の一騎打ちが三時間余（六時間ともいわれる）も、つづけ

られたのであった。

例によって風間画伯が、鍵屋ヶ辻を撮りまくっている。私もそれにならった。

「なんだか、風間さんの画で、また又右衛門を書きたくなって来た」

私が、そういうと、

「いいですな。私もわざわざ、ここへスケッチに来ないですむし……」

と、画伯がこたえる。

◇

伊賀の上野を車で出たのは午後三時すぎである。

依然、快晴だ。

車の中で、うとうとねむり、気がついて見ると、夕暮れの桑名の町へ入りかけていた。

なんとなく、上野の〔金谷〕の牛肉のボリュームが腹の底に残っている感じであったが、今夜は、桑名の焼蛤《やきはまぐり》が私たちを待っている。

伊勢・桑名の〔船津屋〕は、江戸時代からの旅宿であって、泉鏡花の〔歌行燈《うたあんどん》〕に、

「……湊屋《みなとや》、この土地ぢや、まあ彼処《あすこ》一軒でござりますよ。古い家《いへ》ぢやが名代で奥座敷の欄干《てすり》の外が、海と一所の大い《いか》揖斐《いび》の川口ぢや。白帆の船も通りますわ。鱸《すずき》は刎《は》ね

る、鯔《ぼら》は飛ぶ。頓《とん》と類のない趣《おもむき》のある家《いへ》ぢや。処《ところ》が、時々崖裏《がけうら》の石垣から、獺《かはをそ》が這込《はひこ》んで、板廊下や厠《かはや》に点《つ》いた燈《あかり》を消して、悪戯《いたづら》をするげに言ひます……」

とある、その〔湊屋〕が〔船津屋〕のことなのである。

鏡花が感じた、その趣は、いまの〔船津屋〕にも、そこはかとなく残っている。

塀外《へいそと》に、久保田《くぼた》万太郎の、

「かはをそに火をぬすまれて　あけやすき」

の句碑がたてられてある〔船津屋〕は、近代和風建築の粋《すい》を凝らしたものだが、部屋へ通ると縁側のガラス戸いっぱいに、揖斐川の河口に近い川面《かわも》がひろびろとひろがり、夕陽が微《かす》かな川波にゆられていた。

勢州・桑名

桑名の〔船津屋〕へ、はじめて泊ったのは昭和二十九年の秋だから、約二十年もむかしのことになってしまった。

そのとき私は、新国劇で三作目の力士を主人公にした芝居を書き、はじめて演出をも受けもち、折りから名古屋の御園座で公演中の新国劇が終演後の稽古《けいこ》に立合うことになっていた。

私は三十をこえたばかりであった。

このとき、演出を引きうけたのは、自作が他の演出家ではどうも、

「おもうようにならない」

気がして、はじめて全体の責任を負うことにしたのである。

主人公を演ずるのは島田正吾で、そのころはあぶらの乗りきった四十代だし、辰巳柳太郎もむろん出る。この二人は、私などが子供のころからスターだった俳優だし、演出をするといっても、われわれ若僧のいうことなど、そのままにきくものではない。

しかし、

「きかせよう」

と、おもった。

同時に、二人が、

「演出の上で、よい助言をしてくれたら、こちらも素直に受入れよう」

と、おもった。

とにかく、緊張していた。

いよいよ、明日の夜がはじめての稽古というときに、私は名古屋から車を飛ばして桑名見物に来たのであった。

当時の桑名は、まだ伊勢湾台風があった前のことで、揖斐川に面した〔船津屋〕のあたりに防波堤もなく、新館も完成していず、広重の〔東海道五十三次〕の中の桑名の画面を彷彿《ほうふつ》とさせる情趣が、まだ残っていたようにおもわれる。

一夜泊って、翌日も台本を見て演出ノートをつくりながらすごし、夕飯を終えてのち名古屋へもどって稽古場へのぞむことにしたのだが、そのときは、よほどに緊張もし、張切ってもいたのであろう。ふっくりとした色白の女中さんに、

「すまないが、厚いビフテキを焼いてくれるようにたのんでくれ」

と、いった。

桑名には〔柿安《かきやす》〕という伊勢肉で有名な店がある。

そこの肉でビーフ・ステーキを焼いて、〔船津屋〕が出してくれた。それをたっぷりと食べ、稽古場にのぞんだわけだが、何事も一回目がたいせつである。稽古は私のおもい通りにすすみ、それなりに島田や辰巳ともわたり合ったが、さいわいに、この芝居が東京初演で成功をしてくれたので助かった。

「ともかく、今度は、あなたのいうとおりにやって見ます」

と、島田正吾氏がよこした手紙が今も残っている。この公演で失敗したら、二度と私は島田に頭が上がらなかったろう。

そのときから二度ほど、〔船津屋〕へ来たが、最近では二年前に、久しぶりで立寄った。

ここには、おあきさんとおゆりさんという絶妙のコンビをほこる老女中がいる。二人とも新派の舞台にでも出て来そうな女中で、ことに、里芋のような顔をしたおゆりさんがおもしろい。この二人のおもしろさは、ちょいと私の筆では書きつくせないからやめておこう。

◇

今度、私どもが着いた夜の〔船津屋〕の献立は、つぎのごとくであった。

〔前菜〕　スモーク・サーモン、烏賊《いか》の雲丹和《うにあ》え。

〔刺身〕まぐろ。

名物の焼蛤《やきはまぐり》（これは座敷へ道具を運んで炭火で焼いてくれる）。

〔煮物〕八ツ頭《がしら》、鶏《とり》、焼栗《やきぐり》。

〔焼物〕まながつおの粕漬《かすづけ》。

　さらに、キスの塩焼。

〔吸物〕ツミレとネギ。

そして最後に、時雨《しぐれ》蛤の茶漬が出る。

〔船津屋〕でつかうほどの蛤は、まだ桑名で採れるそうな。

いま〔船津屋〕は、名古屋でそれと知られた料亭〔河文〕が経営をしている。

料理はいずれも念が入っている。

それよりも私が〔船津屋〕が好きなのは、姿かたちが変ったが、旧東海道有数の宿駅として知られ、十万石の城下町でもあった桑名の情趣が、ここへ泊ると肌にせまってくるようなおもいがするからだ。

尾張の宮（熱田）から海上七里。伊勢湾の要港でもあった桑名の船着場には、伊勢神宮の一ノ鳥居が建ち、いまも残っている。そこの風致は護岸工事にそこなわれたけれども、桑名城の濠《ほり》をめぐるあたりの風景には、まだまだ、私のような時代小説を書くものには興趣をおぼえる何物かが匂《にお》いたっている。

翌朝、またしても快晴であった。

〔船津屋〕の周囲や城の濠のまわりは、人の気配もないほどにしずまり返り、秋の朝の陽光のみがみなぎりわたっていた。

「ほんとに、のんびりしたなあ……」

と、風間完氏がつぶやく。

桑名で、むかしから知られた〔花乃舎《はなのや》〕の〔薯蕷饅頭《じょうよまんじゅう》〕を、私は朝から三つも食べた。

伊勢米と山いもを合わせた皮に、すこしも胸にもたれぬ、おいしい餡《あん》が包まれている。型がふっくらと古風で、なんともいえぬうまいものだ。

〔船津屋〕の朝飯には、かならず蛤の入った〔湯どうふ〕が出る。むかしのように炬《こ》燵《たつ》の上の鍋《なべ》で食べるわけにはゆかなくなったが、これを出されると、どうしても朝から酒をのまずにはいられなくなってくるのだ。

浅蜊《あさり》を採る小舟が、川面《かわも》に一つ浮んでいる。

「さて、今日はどこに泊りましょうか?」

と、S記者。

「あんたにまかせますよ」

「ひとつ、長島温泉のヘルス・センターへでも行って見ませんか？」

「いいでしょう」

「千本松原もいいな」

「いいでしょう」

そして、われわれは、今日の昼飯を鯉料理で有名な多度《たど》の〔大黒屋〕で食べることにきめた。

多度の鯉《こい》料理

伊勢の国の多度神社は、揖斐川をさかのぼって桑名の北方三里たらずのところにある。

本宮は、天津《あまつ》彦根命《ひこねのみこと》だそうで、この方は天照大神《あまてらすおおみかみ》の〔お子さん〕だという。こうした関係で伊勢神宮とならび、北伊勢の大神宮として古くから世の尊崇をうけ、東京ではあまり知られていないが、関西から東海にかけて、この神社の名は高い。

多度山を背にした神域は、杉と楓《かえで》の樹木におおわれ、本宮社殿の彼方《かなた》に、八壺渓《やつぼだに》へ落ちかかる一条の滝がのぞまれる。この滝に打たれて信者が〔みそぎ〕をおこなうのだそうな。

こうした由緒《ゆいしょ》ある神社だけに、おのずから、その門前町には風格がただよい、茶店で売っている名産の〔八壺豆〕の袋のデザインなど、捨てるに惜しくて私が持って帰ったほどに古風のよろしさが厳然としている。

大豆を黄粉《きなこ》でくるんだ〔八壺豆〕の味わいも捨てがたい。

〔紅梅焼〕も名産であって、この二つを売る三軒の商舗の構えなどは、まるで時代劇のセットを見るようなおもいがする。

門前町の〔大黒屋〕は、創業以来二百五十年を経ているというから、八代将軍・吉《よし》宗《むね》のころ、享保《きようほう》年間からつづいた料理屋である。

瓦《かわら》屋根に連子《れんじ》窓《まど》に、戸障子。白壁の塀《へい》。奥深い庭の池は清冽《せいれつ》な湧水《わきみず》で、これに見事な鯉が群れをなして遊弋《ゆうよく》していた。

池をのぞんで座敷が鍵《かぎ》の手にまわってい、私たちは、あかるい秋の陽をいっぱいに浴びている裏山をのぞむ奥座敷へ案内された。

私もずいぶん、鯉を食べてきたが、これほどに多彩な料理ができようとはおもってもいなかった。おそらく、この〔大黒屋〕にしてはじめて出来得る〔芸〕なのではあるまいか。

こころみに、献立をしるしておこう。すべてが、鯉料理である。

まず、鯉の皮をそぎとり、はるさめと共に酢の物にした前菜が出た。鯉の皮が、これほど脂濃《あぶらつこ》いものとは知らなかった。うまい。

つぎに、アバラ肉をたたいて団子にし、これを揚げたものと、小さな魚田《ぎよでん》二片と、雄の鯉の肝《きも》の煮つけが出た。私は、この一皿に、もっとも感じ入った。

野趣にあふれていながら調理の洗練が長い伝統につちかわれたものであることが、よくわかる。なんともいえずにおいしかった。

ワサビじょうゆで食べるアライ。塩焼と胡椒《こしょう》をふった照焼、さらに卵と針しょうがをあしらった筒煮。そして鯉こく。

〔船津屋〕の女中・おあきさんが昨夜、

「〔大黒屋〕の鯉こくは、たまらんがなも」

といっていたが、たしかにおいしい。味噌《みそ》は手製の糀味噌《こうじみそ》である。惜しむらくはちょいと、ぬるかった。

このような料理屋になると、ぱくぱくと口をうごかしている鯉を生づくりとやらにして、そのまま客の前へ出すような邪道は決してやらない。

「ああ、のんびりした」

という言葉によって、風間完画伯は、美味に堪能《たんのう》した表現に代える。

画伯、今日も上きげんである。

◇

この日、私たちは長島温泉を見物し、ついでに、この三重県下に名高いグランスパーとやらへ泊ってしまった。

ヘルス・センターとホテルが、遊園地と共に宏大《こうだい》なスケールで伊勢湾をのぞむ平地に展開している。

円形大浴場、演芸大ホール、小ホール、いくつもの温泉プールに、かぞえ切れぬほどの食堂。

翌日、ゆっくり起きて、われわれは昼近いころ、演芸大ホールへおもむいた。

三千人の見物が、ここで食べたり飲んだりしながら、回り舞台のついたステージ・ショーをたのしむ。この大ホールをかこんで、さまざまな店が、さまざまな食べ物を売っている。

私たちはここに店を出している桑名の〔柿安〕で三百円の〔すきやき弁当〕を買い、ビールと酒、おでんを持ちこみ、歌謡ショーを見物した。

見物しながら、

「また、〔大黒屋〕へ行きたくなった」

と、私がいった。

「行きましょう、行きましょう」

というので、また出かけた。

今度は「尾のから揚げ」やら「眼肉のつけ焼」なども食べさせてもらった。

〔大黒屋〕の池の湧水は、夏も冬も温度の変化がほとんどないという。ふしぎなことだ。

揖斐、長良《ながら》、木曾の三川《さんせん》でとれた鯉を、

「半年ほど、この池へ入れておきますと、すっかり臭みがぬけ、身がしまってくるのです」

と、店の人がいった。

〔大黒屋〕を出た私たちは、揖斐・長良・木曾の三川が伊勢湾へそそぐデルタ地帯へさまよい出た。

◇

夕暮れの光の中に、ひろびろとした水郷の其処此処《そここ》に浮ぶ舟がうごくともなくうごいている。

長い堤に、すばらしい松並木があって、これが〔千本松原〕だ。

宝暦年間、徳川幕府の命令によって薩摩藩が流血と四十万両の金を犠牲にしてつくりあげた治水工事の跡である。薩摩藩は、他国のために多大な犠牲を強いられたわけだが、このため、沿岸三百数十カ村が水害の難を避けることを得た。

治水工事で死んだ薩摩藩士を祀《まつ》ったのが千本松原の〔治水神社〕である。

水郷の中の美しい神社だ。その風景にさそわれて境内の裏手へまわると、赤いらんかんの〔隼人橋《はやと》〕というのがあり、橋の突端に船が一つ浮いている。隼人丸という船であった。

この船、実は食堂なのである。

「おもしろい」

というので、すぐさま飛込み、モロコの煮つけや野菜炒《いた》めで酒をのんだら、もうごけなくなってしまった。

葦《あし》の群れが微《かす》かにさわいだ。風が出てきたらしい。

鯖《さば》

私の老母は、鯖の味噌煮《みそに》が大好物である。

私が子どものころ、鯖はまことに安価な魚であったから、食卓に出ることがめずらしくなかった。

ところが私は、鯖が大きらいであった。その理由は、

「生臭《なまぐさ》い」

の一語につきる。

「そんなぜいたくをいうのなら、もう御飯は食べさせない」

と、母に何度も叱《しか》られた。

その鯖のうまさを知ったのは、太平洋戦争も〔大詰〕に近くなってからのことで、当時、私は海軍八〇一航空隊に所属し、山陰の米子《よなご》基地へ転任していた。

そのときのことは〔四万六千日〕の項でもふれておいたが、基地があった弓ヶ浜半島の美しさは、当時の私にとって、

(まるで夢の国へでも来たのではないか……)

と、おもったほどだ。

米空軍の空襲たけなわな東京や横浜の焼けただれた風景や、もはや「敗戦必至」となった絶望感とが、嘘《うそ》のように感じられた。

白い砂地が初夏の陽光にかがやき、半農半漁の純朴な住民たちのおだやかな明け暮れと、死に向う若者たちを乗せて空に飛立つ戦闘機の轟音《ごうおん》とが、どうしても一つに溶け合ってこないのだ。

私たちは、それぞれに別れて、住民たちの家に分宿することになったが、やがて浜辺に司令部が新設され、私は電話室長として掌《しょう》通信長の下で勤務することになり、三人の兵と共に分隊から別れ、司令部へ引移った。

海軍の休日は〔半舷《はんげん》上陸〕といって、夕暮れから翌早朝までである。したがって下士官も兵隊も、それぞれに〔下宿〕をもつことになる。

私の下宿は、半島の余子《あまりこ》村にあった佐々木虎太郎氏のお宅であった。

佐々木家は農家であるが、とりたての魚も、ふんだんに手に入った。

折りしも鯖の漁期だ。

先《ま》ず〔煮ナマス〕というのを食べさせられた。

鍋《なべ》の湯が煮立ったところへ魚肉を入れ、ササガキにした大根を入れて塩と酢で調味する。

熱いうちに生姜《しようが》のしぼり汁を落し、恐る恐る箸《はし》をつけて見たが、実のところ、瞠目《どうもく》した。

かつて、東京で私どもが口にしていた鯖とはまるで違う。とりたての新鮮な魚介というものが、これほどにうまいとは、そのときまで私は知らなかったといってよい。塩焼、煮つけ、酢の物と何にしてもうまい。うまくてうまくてたまらなかったものだ。

ことに、夏の鯖は、

「生き腐れ」

といわれるほど、腐敗が早い。

それだけに尚更《なおさら》、とりたてがうまいのである。

それから上陸日でないときでも私は、浜へ出て、漁師たちから信じられぬほどの安い値で鯖を買って来ては、司令部の裏の松林の中で三枚におろし、塩をふりかけておき、夜ふけてから電路員《でんろいん》たちと食べた。

もっとも簡単なのが塩焼だが、バターで蒸焼にし、夏蜜柑《なつみかん》の汁をふりかけたのもよかった。

その夏蜜柑が、弓ヶ浜半島でよく採れる。

そのころ私がつくった短歌らしきものの中に、

「むき終えし豆片よせる姥《うば》が背に、夏蜜柑の花散りにけるかも」

なぞというのがある。

つまりは、そうした情景……戦争がどこで起っているのだ、とでもいいたいような平穏な村の情景が、いたるところに展開されていたのである。

もっとも終戦間際《まぎわ》になると、米空軍が偵察に来たついでに機銃掃射をあびせかけるようになったが、ほとんど被害はなかった。

ところで、その夏蜜柑なのだが……。

「これをつかって、鯖を食べてみたい」

と、おもいついた。

先ず〔シメサバ〕の要領で、三枚におろしたやつに塩をふりかけ、半日ほど置くと、きゅっと身がしまってくる。そこで水をかけ、洗いながしておき、かわいた布で水気をていねいにふきとる。

それから、刺身につくる。

それから、玉ねぎを、うすく切っておく。

それから、夏蜜柑をたっぷり用意しておく。

大きな鉢に、玉ねぎをしきならべ、その上へ刺身をおき、夏蜜柑のしぼり汁をかけまわし、また玉ねぎ、刺身、しぼり汁……というふうに重ねてゆき、上に重しを置き、三十分ほどしてから、玉ねぎごと鯖の刺身を皿へとり出し、またしても夏蜜柑の汁をかけ、それからいよいよ食べる。

いや、うまいのなんの……いっしょに食べた電路員たちも舌なめずりをしてむさぼり食ったものだ。

「また、やりましょう」

と、いう。

何度もやった。

こんなふうに書いていると、私どものようなのが戦争をしていたのだから「負けるはずだ」といわれそうだが、とにかく、うまいものはうまいし、人間、一日とて食べずにはいられないのである。

戦争が終り、東京へ帰って来たが、とても鯖どころではない。一本の胡瓜《きゅうり》にさえ、私どもは随喜の泪《なみだ》をうかべるような始末になってしまった。

数年して、世の中が落ちついてきてから、ふと、鯖と夏蜜柑のことをおもい出した。

折りから魚屋には秋鯖が出まわっている。

すぐさま買って来て、やってみたが、どうもぴんとこないのである。鯖がちがうのか、それともこっちの味覚が変ってきてしまったのか……。

「こいつは、どうもいけない」

というので、二度と食べる気がしなくなった。

さらに数年……というと、いまから十年ほど前のことだが、わが家の近くの魚屋の前を通りかかると、いかにも新鮮な鯖が出ている。

そのとき、ふと、

(夏蜜柑を、レモンにしてみたら、どうだろう……?)

と、おもった。

買って来て、やってみた。

うまい。これなら大丈夫というので、新しい鯖を見ると、いまでも、これをやる。

つくり方は弓ヶ浜半島のときと同じだ。夏蜜柑をレモンにするだけのことである。

東大寺の結解《けっけ》料理

東大寺の結解料理をはじめて口にしてから、もう、やがて二年になろうとするが、そのときの情景、味覚は、いまだに私の脳裡《のうり》を去らない。

〔結解〕という語の意味は、東大寺でもよくわからぬらしい。

奈良の東大寺といえば、奈良・平安のむかしから興福寺とならんで、三戒壇の一と称せられる華厳《けごん》宗の大寺院である。

結解料理は、そのむかしから東大寺につたわった料理が、江戸時代の中ごろに至り、今日のごとき体裁がととのったらしい。私が東大寺の本坊で、この料理を食べたのは、冬の、よく晴れた日の午後であったが、襖《ふすま》と障子にかこまれた三十畳ほどの広間に入ると、百目蠟燭《ひゃくめろうそく》がいくつも灯《とも》っていた。

転瞬、夜の世界に変った。

向い合せに敷きのべられた緋《ひ》毛氈《もうせん》に、主客の十余人がすわると、

「むかしをしのぶ……」

東大寺の、夜の宴席という演出のもとに、おのずから私たちはさそいこまれていっ

たのである。

結解料理は、むかしむかしから、東大寺の重要な法会《ほうえ》が終ったときや、村方が年貢《ねんぐ》米を納め終えたときなどに、寺が出したものだそうである。

何から何まで、むかし通りの演出でやるわけだから、もちろん、近代的な暖房や座ぶとんまでも排除してある。

それが、時代小説を書いている私には、まことによかった。

得るところが、すくなくなかったのである。

下座正面に白い大きな衝立《ついたて》があって、その蔭《かげ》から、二人の給仕人がしずかにあらわれ、料理をはこぶ。

はじめに、菜の酢味噌和《すみそあ》えと奈良漬。そして白砂糖をそえた小豆餅《もち》。揚《あげ》豆腐の澄汁《すまし》が出た。

二人の給仕人は、用度掛の酒井桃園《とうえん》氏というベテランと納所《なつしょ》の本間二郎氏であったが、この給仕がすばらしかった。

料理が出るたび、いちいち、客にあいさつをし、客もこたえる。それでいて、二人の、無言でいながら、ものやわらかになごやかな物腰と仕ぐさが、客のこころをいつの間にかやわらげてしまうのであった。

広間の暖房は、小さな［手あぶり］のみで、寒気がみなぎりわたり、私は、手あぶりであたためた手をこすり合わせながら、料理を口にした。こうした仕ぐさを私どもは年久しく忘れかけようとしている。

そして、都会に暮すかぎり、寒さも暑さも、冬も夏も忘れかけつつあるのだ。

はじめに出た酒は、文字どおり、はらわたへしみとおった。

それもこれも、五体に感ずる冬の寒さが、

「ほんもの」

だからである。

つぎに、ほうれん草のひたしと、〔そうめんのだしかけ〕が出た。

根来塗《ねごろ》の古風な食器によってはこばれる料理の味つけは、あくまでも古風をまもって、淡く、塩味さえもひかえにひかえている感じであった。

もちろん、私などには、

「おいしい」

とは申せない。

しかし、この古風をまもりぬいて調理された結解料理なればこそ、私は、むかしの味覚を感じることができた。

現代の私どもが、ふんだんに享受《きょうじゅ》している種々の食物や調味料は、むかしの味覚と無縁のものだ。

そしてまた塩も醤油《しょうゆ》も油も、いかに貴重なものであったかが、いまさらにおもい知らされる。

また私たちが、かえりみて、終戦直後の物資欠乏時代に、この結解料理を食べたらどのようにおもったろう。

すばらしい御馳走《ごちそう》であったことは、うたがう余地もない。

凍豆腐《こおり》が出てから、二度目の酒が出る。

百目蠟燭の灯がゆらめくと、給仕人が燭台《しょくだい》に擦り寄って来て、芯《しん》を切ってくれる。

「蠟燭の芯を切る……」

という情景を、私は、はじめて眼にしたのであった。

主客は、完全に、むかしの世界へさかのぼって行く。私自身が、何か舞台の上で、むかしの人の役を演じているかのような気分になってしまう。

すべてが、私にとってはたのしかった。

蠟燭だけの照明というものが、どのようなものかを、私は知った。

その灯りに、麩《ふ》だの、水仙の根の澱粉《でんぷん》をかためたものとか、胡桃《くるみ》だとかが、根来の器の中へ入って、ぼんやりと見える。

それぞれの食物は、それぞれがもつ自然の味わいと香りのみを、しずかに主張しているのだ。

これは、後で知ったことだが……。

衝立の蔭へ入っては料理をはこぶ給仕人の、神経のくばりようは、

「非常なものでした」

と、それを見ていた人が、私に教えてくれた。

煎餅麩《せんべいふ》に針生姜をそえた吸物が出て、それから、また酒が出る。つぎに薩摩芋の揚物が出て、酒がはこばれる。

折目正しい酒である。

木皿に、浅草海苔《のり》。

椿皿《つばきざら》に、陳皮《ちんぴ》。

陳皮は、蜜柑の皮のことで、これを小さな短冊《たんざく》に切っただけのものだ。

いまでこそ、蜜柑なぞめずらしくもないわけだが、六百年も前のむかしには、異国から渡来したばかりの貴重きわまる珍果だったと見てよい。

亜熱帯アジア地方から日本へ到来したばかりの蜜柑は、その皮さえも重んじて、これを捨て去ることをせず、貴人の食膳《しょくぜん》にものぼせたのではあるまいか。

〔陳皮〕は食欲をすすめる、と、むかしの本に記してあるし、その皮の香りもまた、めずらしかったろう。

宴は、二時間半ほどで終った。私にとっては、それこそ貴重な二時間半であった。

いまもあのときの百目蠟燭の灯影に浮んで、静粛に、なごやかに、沈黙のままでうごいていた二人の給仕人の姿を忘れかねている。

同行のS記者と京都へ出て、三条小橋の〔松鮨《まつずし》〕へ飛びこみ、私は、むしろ絢爛《けんらん》たる現代の魚菜に接した。

「やはり、こっちのほうがうまい」

と、S記者がいった。

「むろん、そうだけれど……しかし、今日は、六百年前の蜜柑の価値を、眼の前に、はっきりと見たね」

と、私がこたえた。

師走《しわす》の私

師走が押しつまってくるときの情緒は、先《ま》ず、冬至の日の柚子《ゆず》からはじまる。

もっとも、これは現在の東京でのことではない。

戦争前の東京では、私どもが育った下町のしがない職人の家のものでも、柚子の香りのぷんぷん匂《にお》う銭湯の湯へあたたまり、帰りには近くの蕎麦《そば》屋へ寄って、天ぷらそばの一つも食べたものである。

いまは柚子一個が百円も百五十円もする。ふんだんに湯の中へ投げこむわけにもゆくまい。柚子湯なぞ、むしろ、しないほうがよいほどだ。

冬至がすぎると、夜毎《よごと》に冴《さ》えわたってきて、町には暦売りが出て来るし、町の物音がちがってくる。

いまの東京の町の音は、車輌《しゃりょう》と工事の騒音のみになってしまい、これは春も夏も、師走だとて変ることがない。人の暮しにも季節がなくなってしまった。

町をながすさまざまな物売りの声や、道行く人びとの声までも、大晦日《おおみそか》へ向ってあわただしく、

「押しつまってくる……」

のであった。

私の母などは、女手ひとつに家をささえていて貧乏暮しをしていたときなど、ひたすらに、ただもう、正月のお節《せち》をつくるための費用を捻出《ねんしゆつ》するため、あたまをいためていたものだ。

金がないときは、

「質へ入れても……」

お節をつくり、荒《あば》ら家《や》の畳を入替え、襖《ふすま》、障子を貼替《はりか》える。これをしないと一年のけじめがつかず、さらにはまた、これから迎える新しい年への闘志がわいてこない。

障子貼りは私の役目で、十か十一の私が〔二銭剃刀《かみそり》〕を口にくわえ、障子の桟《さん》へ糊《のり》を打ってゆくとき、子供ごころにも師走の情緒へ、どっぷりとひたりこめたものである。

まあ、こういう育ち方をしたものだから、五十の新年を迎えようとするいまでも、むかしからわが家でおこなってきた行事は、なるべく欠かさずにやっている。

家の外の東京の風景は、見る影もなく荒廃してしまったけれども、家の中では、むかしに変らぬ師走のあわただしさが、日と共に加わってくる。

こうした情緒など、いらぬというのならそれでもよいが、味わうことのできる人は、味わわない人よりも幸福なことはたしかだ。

なるべくなら、仕事は二十日ごろまでに、すべてを終えてしまい、先に立って師走の行事をしたい私なのだが、今年は少々いそがしくて、そうもならぬ。以前は家人や弟を引きつれ、京都の錦の市場へ、お節につかう野菜などを買出しに出かけたものであった。

また、先祖の墓参りもすませ、何から何まで早目に終えて、あとは家の女たちにまかせ、二十五日ごろから、毎日のんびりと町へ出て、好きなものを食べたり、映画を見たり、読書をしたりする。

私にとって師走は、一年に一度の休養の月なのだ。

そのかわり、夏の最中《さなか》にも何処《どこ》へも行かず、仕事をつづけている。

◇

だが、今年も、浅草の〔年の市〕ぐらいは、たのしみに行けるであろう。

十二月十五・十六日の両日は〔ガサ市〕といって、正月の注連《しめ》飾《かざ》りなどを売る市で、十七・十八の両日は、いよいよ〔羽子板市〕となる。

その年々の当り狂言の役者たちを押絵にした羽子板が、ずらりと屋台店へならぶ江戸情緒が、いまも浅草に残っているということは、私どもにとって、まことに、

「こころづよい！」

ことなのである。

年の市へ行くなら、昼飯を控え目にしておき、夕暮れも、まだ明るいうちに出て、駒形の鰻屋《うなぎや》〔前川〕か、鳥料理の〔金田〕で、ゆっくり酒をのみ、したたかに食べてから出かけよう、などとおもっている。

〔前川〕も〔金田〕も、私が七つ八つのころから飾り職人だった祖父につれられて行った老舗《しにせ》で、ことに〔前川〕の鰻は、私にとっては、

「むかしに変らぬ味……」

なのである。

むろん、戦争中に焦土と化した浅草だけに、〔前川〕も戦前の建物ではないが、やたらに座敷を立派にしたり、ともすれば会席ふうにもののしくなったりする鰻屋とはちがい、あくまでも鰻を食べさせることに専念する。

また、座敷女中の取りなしのよいこと、これも戦前をしのばせるに足る。

これこそ、鰻屋における接待なのであって、よけいなことはすべてはぶき、客の酒の飲み方、その分量に合わせ、鰻をうまく食べさせようというやり方である。

つまり、浅草の〔駒形どぜう〕にしろ、深川・高橋の〔伊せ喜《いせき》〕にしろ、むかしから知られた泥鰌鍋《どじょうなべ》の店では、うだるような夏の暑熱にも絶対に冷房の設備をせぬ。

その暑さに汗をふきふき、熱い泥鰌鍋に向うのが、味覚の本領だからである。〔前川〕に冷房がないというのではない。すべてにおいて、いかにも、「鰻屋らしい鰻屋」だということなのだ。

鳥の〔金田〕は、戦前と経営者が変り、むかしの〔金田〕は〔本金田〕と名のり、象潟《きさがた》町へ移ってやっているが、どういうものか、子供のころからなじみの場所にある〔金田〕へ足をはこんでしまう。むかしは、庭の木立もふかく、離れ屋ふうの小座敷がいくつもあって、祖父が女中にこころづけをやると、帰るときに帳場から、「女中《こども》にありがとうございい」

と、声を張って礼をのべたことを、いまもおぼえている。

ここも〔前川〕同様、中年の女中たちの接待が戦前の浅草をしのばせる。

庭も座敷も変ったが、そこはかとなく、むかしの雰囲気《ふんいき》が残っているような気がする。

さて……。

今夜も仕事を懸命にやって、せめて年の市にはのんびりできるようにしよう。

新年の私

戦前から、私は大晦日《おおみそか》に、かならず映画見物をすることにしていた。

この三年ほど、この貴重なる習慣を中断している。

今年は、ぜひとも復活したいとおもっている。

戦前は、先《ま》ず、午後四時ごろに、浅草・永住町の家を出て、ぶらりぶらりと新寺町通りを行き、当時、はたらいていた株屋仲間の井上留吉と、鰻屋の〔前川〕か、天ぷらの〔中清《なかせい》〕で落合う。

「おい、留ちゃん。来年もたのむよ」

「御同様に」

というので、気ごころを知りつくした友だち同士が盃《さかずき》をあげ、腹ごしらえをしてから大勝館でSY系の洋画を見る。

夜が明けて元日ともなれば、押すな押すなの浅草六区だが、大晦日だけは、ゆっくりと映画見物ができる。

さしずめ、フレッド・アステアとジンジャー・ロジャースのミュージカル新春封切などを見てから、六区をぶらつき、あっちこっちでのみまわり、十二時前には、並木の蕎麦《そば》屋〔藪〕で、年越しそばを食べる。

そのころから、私は〔鴨南《かもなん》ばん〕で酒を一本のむならわしで、これは、つい三年前までつづいていたものだ。

戦後は、その蕎麦屋が、池の端の〔藪〕になったり、神田・連雀町の〔藪〕になったりする。

それから、年越し蕎麦を買って帰宅し、また酒をのんで、炬燵《こたつ》で、うたた寝をやる。

これが、なんともいえずによい。

一年中、はたらきつづけて、年越しの、この夜だけは何も彼《か》も忘れて、とろとろねむるのがよい。

目ざめると、老母と家人は、テレビの〔なんとか歌合戦〕を見終り、年越し蕎麦の仕度をはじめる。

買って来た蕎麦を、酒を振ってほぐし、食べる。

それから、また、ねむる。

一年中の疲れが、いっぺんに出て来るようなおもいがして、死んだようにねむりこける。

元日の、私の起床は午前十一時。

老母が腹をへらして、地団太を踏みながら、私の起床を待っている。

元日だけは、女たちも先へすますことができない。

起きて入浴。ひげを剃《そ》り、年末に老母が仕立てた新しい着物を着て、女たちが待つ膳《ぜん》の前へすわる。

女たちが、

「今年も、どうぞ、よろしく」

というのを、

「うむ!!」

と、受けた私が、

「去年は、お前さんたち……」

と、去年の女たちの業績に対し、批判をするなり、ほめるなりしてから、

「さて、今年も、しっかりやってもらいたい」

と、いう。

それから、屠蘇《とそ》を祝い、御節《おせち》を食べ、酒をのみ、年賀状を見て、雑煮《ぞうに》を食べる。

御節は、戦前、下町の職人の家だったころのものを、いまも老母がつくる。

変哲もないものだ。煮しめ、きんとん、カズの子、昆布巻など……。

私は、白和《しらあ》えと、若狭《わかさ》の小鯛《こだい》の酢漬を細く切ったものをワサビ醬油《じょうゆ》で食べながら、

三合ほどのむ。

それから雑煮。餅《もち》は二切れ食べればよいほうだ。食べざかりには二十三個も食べたことがある。

雑煮は、むかしから〔名とり雑煮〕といって、小松菜と鶏肉だけ。この熱い清汁《すまし》を、こんがり焼いた餅を椀《わん》に入れた上から、たっぷりと張る。決して餅を煮ない。

それが終ると、自分の部屋へ入って、またしてもねむる。

家人たちは、テレビの前へ釘《くぎ》づけとなったり、年賀にあらわれる親類たちと歓談する。私は、夕暮れまでねむる。元日に、私の客は来ない。

正月三ヶ日、女たちは、まったく買物に出ぬ。御節料理のほかに、カレーライスや、焼豚、中華風のあんかけなどが鍋《なべ》に、たっぷりと入っている。

それに、あの〔ハヤシライス〕の、ブラウン・スープのごときものも、ある。

夕暮れ、ひとり起出し、このソースで牛肉と玉ねぎを炒《いた》め、炊《た》きたての飯にかけて食べる。この元日の夕食だけは、酒をのまない。

それから、仕事場へ入り、机に向う。

いよいよ、仕事始めだ。

私は正月よりも年の暮れにやすんでしまうから、どうしても元日の夜から仕事をはじめなくてはならぬ。

ところが、暮れに数日やすんでいるから、なかなか調子がもどらぬ。

レコードをかける。古い、戦前のレコードばかりだ。

さしずめ、ベニー・グッドマンなどをかける。

その他、めったやたらにかける。

こうして、翌二日の朝までに六、七枚も原稿が書ければよいほうであろう。

書ければ、徐々に調子がもどってくる。

二日の朝。

老母も家人も、もはや私の起床を待たずに、腹ごしらえをする。

この日から年賀の客が、つぎつぎにあらわれる。

応対しながら、ひたすらに、一枚二枚と書きすすめるうちに、夜になってしまう。

三日ともなれば、私だけは、もう平常どおりだ。

筒袖《つつそで》の着物を着て、万年筆にインクを入れたり、書庫へ入ったりして、はたらきはじめる。

いまの私にとっては、新年よりも年の暮れのほうに、たのしみがある。

もっとも、子供のころは、なんといっても正月だ。

お年玉がもらえるからであろう。

獅子舞《ししまい》が来る、万歳が来る。

羽根つきの音がきこえる。

夕暮れになると、竹馬に乗って遊ぶ。餅をたらふく食べ、夜になると歌留多《かるた》を取る。

八十をこえた曾《そう》祖母が、

「正太郎、もう寝るんだよ」

と、友だちの家で遊び惚《ほう》けている子供のころの私を迎えに来る……今年は、そんな夢を見たいものだ。

縁日

夜の縁日というものは、別に〔歳時記〕できめられたわけではないけれども、やはり、初夏から晩夏にかけての感じがする。

だが、子供でも、春から夏にかけての夜には、いくらでも遊べるし、ときには縁日を忘れてしまい、他の遊びに夢中だったことが多かった。

しかし、冬の夜の縁日は、二日も三日も前からたのしみにしている。

縁日の夜には、母から小づかいを余計にもらえたからだ。

すくないときで十銭。

多いときには、二十銭。

母のふところがさびしいときは、

「縁日に行かなくたって、死にゃあしないよ」

と、やられた。

私が子供のころに住んでいたのは、浅草・永住町一〇一番地で、十二間道路をへだてて、西側からは下谷区になる。

近くの縁日は、稲荷《いなり》町の下谷神社で、これが一の日。

それに、家からは目と鼻の先の溝店《どぶだな》のお祖師《そっ》さまが七の日であった。

祭の日でもないかぎり、縁日の夜店の屋台は夕暮れからならびはじめる。

それはもう、十や二十ではない。道から道、細路《ほそみち》から細路へ、五十も百も屋台店がならぶのだ。

いま、おもい出すままに、どんな店が出ていたか、ちょいと書いてみようか……。

先《ま》ず〔どんどん焼〕だ。

どんどん焼については、すでに書いてしまった。私が〔町田〕のどんどん焼のおやじの腕前に惚《ほ》れこんでしまい、母に「〔町田〕のおやじへ弟子入りする」といって叱《しか》りつけられたことも、そのときに書いた。

つまり、それもこれも私は、母から「お前は小学校を出たら、小僧に行くのだよ」と、いいわたされていたからなので、母は私を株屋の小僧にするつもりで、結局はそうなってしまったわけだが、それでも子供ごころに、早くも、

(どんな商売がいいかなあ……?)

いろいろと、考えていたものらしい。

実は〔どんどん焼〕のほかに、縁日へ出ている店で、もう一つ、私が弟子入りをしたいとおもった店があったのだ。

これは、私どもが知っている縁日の夜店の中で、いちばんハイカラな食物を売る店であった。

屋台に、油が煮え立つ大鍋《おおなべ》が据えつけられていて、

〔フレード・ロールナツ〕

と書いた、小さな看板が出ている。

そして、大黒さまの置物のようなおやじが白衣に身をかため、冬の夜でも流汗淋漓《りんり》として、若い衆ひとりを助手に小麦粉を練っている。

むろん、ただの小麦粉ではない。卵やら、何やら、いろいろとまぜこみ、一抱えもあるほどのかたまりにし、大きな練棒《ねりぼう》をつかって、練りに練る。

これを、夕暮れに店を出すと、すぐにはじめる。

そうして、人が出てくると、この粉のかたまりを一口に食べられるほどの大きさに千切っては投げ、千切っては投げ……大鍋の油の中へ投げこむのである。

そして、からりと揚がったやつを引きあげ、白砂糖をまぶし、内側へ経木《きょうぎ》を重ねた紙袋へ入れて売る。

バターの香りがする熱いやつを口へ入れると、「まるで、とろけちまいそう……」なのであった。

そのかわり、値も高い。

最低が五銭からで、一銭や二銭では、とても買えない。

それでも、よく売れた。

まあ、ドーナツのようなものだったろうが、なにしろ、つくりたての揚げたてなのだから、そのやわらかいこと、おいしいこと、子供の舌には、たまらなかったものだ。

ところで、この大黒さまの置物のようなおやじの売声が、また、たまらないのである。

「エ——」

と、声を張りあげておいて、

「嚙《か》んで嚙んで、喉《のど》へ入る瞬間が、とてもたまらない」

というのである。

「かんでェ、かんでェ、のどへはいるしゅんかんが、とォてもォ、たまらない」

と、やる。

当時の屋台店の食物の売声として、この口上は、まさに斬新奇抜なものであったといえる。

もしかすると私は、この口上に強くひきつけられたのであろう。

「〔町田〕の弟子がいけないんなら、ロールナツのおやじの弟子になりたい」

と、私は母にいった。

するると、このとき母は、どうしたものか、

「そうかえ。そんなにお前が食べ物商売をしたいのなら、西洋菓子なり西洋料理なり、ちゃんとしたところへ入って十年、二十年の修業をするか、どうだ？」

と、いうのだ。

「ちゃんとしたとこって、どこ？」

「たとえば、帝国ホテルのコック場さ」

母は、大きく出たものだ。

「そんなとこ、いやでェ。おれは、ロールナッツのおやじのところへ行く」

「ばか。いけない」

これで、おしまいである。

それでもあきらめきれず、小学校の教室で「かんでェ、かんでェ……」と口上をまね、級友の喝采《かっさい》をあびたものだ。

「そんなに、うめえのなら……」

というので、下谷のほうの友だちが何人も、わざわざお祖師さまの縁日へ来て、ロールナッツを買いはじめ、翌日になると一同声を張りあげて、

「かんでェ、かんでェ……」

と、わめく。

受けもちの立子山先生が、

「あれは何のことかね、池波……？」

と、私にきかれたことがあった。

だが、いまこうして書いていても、あの口上の文句は、なかなかのものだ。

ロールナツのおやじ、よほどに考えたにちがいない、と私はおもう。

「噛んで、噛んで、喉へ入る瞬間が、とてもたまらない」

どうです、悪くないでしょう。

私も、なんとか、この口上のような小説が書けるようになりたいものだ……と、いまも折りにふれてそうおもう。

◇

〔どんどん焼〕に〔フレード・ロールナツ〕のつぎに、縁日の夜店でひいきにしたのは〔肉フライ〕というやつ。

もちろん、何の肉だか知れたものではない。

これは類似の店が、どこの縁日にも出ていた。

肉の細切れと小麦粉をまるめ、串刺《くしざし》にしパン粉をまぶして揚げたやつを、金網を置いた箱の上へ出す。

箱の傍《そば》に、大どんぶりへソースをみたしキャベツのみじん切りをたっぷり浮かせたのが置いてあり、揚げたてを一銭で買い、ジューッと、どんぶりのソースへ漬けこみ、串をあやつり、できるだけキャベツのみじん切りをフライの上へのせて引きあげ、食べるのである。

いま、神田の淡路町に〔松栄亭《しょうえいてい》〕という小さな洋食屋がある。蕎麦《そば》の〔藪〕の近くの、むかし、東京の下町のどこにでもあった洋食屋の気分が残っている店で、ここに〔洋食のかき揚げ〕なるものがある。むかしの縁日の肉フライとくらべては可哀想《かわいそう》で、上等の材料をつかったものだが、私は縁日の肉フライをおもい出すと、〔松栄亭〕へ行って、この〔かき揚げ〕を食べる。その味が、遠いむかしをよみがえらせてくれるからなのだ。

つぎは、蜜柑飴《みかんあめ》といって、蜜柑を飴にくるんだものとか、べっこう飴の店。いずれも実演つきだが、こんなのは女の子にまかせて、われらは見向きもしない。

〔あやめだんご〕や〔カルメヤキ〕。御存知の綿飴《わたあめ》、こいつも男の子には縁がない。

冬の夜の縁日には、金魚すくいや、蛍《ほたる》売りの店は出ぬが、〔十銭や〕といって十銭均一の小間物を売る店、これは母や祖母《ばあ》さんの、つつましい購買欲をみたす。

〔おもちゃ屋〕では、せいぜい、われわれは〔カンシャク玉〕を買って、夏の夜の縁日へやって来る〔オコウちゃん〕だの〔オチヨちゃん〕だの〔ミツコちゃん〕だのの

足もとへ投げつけて破裂させ、

「キャー……」

「オデコの正公め。おばさん（母）にいいつけてやるから」

などと、彼女らのわめき声へ、

「ヘヘッ。ざまあ見やがれ」

せせら笑って闇《やみ》の中へ消えて行くのである。

それから、また、悪友どもと材木置場などで、

「彦ちゃん。お前、こないだ鳥越キネマで見た嵐寛寿郎《アラカン》の右門捕物帖《うもんとりものちょう》のチャンバラおぼえてる?」

「ああ、三度見た」

「あいつをやろう。おれが右門だ」

「バカいえ、そんなのあるかい」

などと、さんざ〔チャンバラごっこ〕などをして、またも縁日へ出かけて行く。

それから〔針金細工〕の店。おやじが鋏《やっとこ》一つで、針金を魔法のごとくあやつり、自転車から自動車、飛行機から電車、犬からライオンまでこしらえてしまう。これには私も、大分に入れあげたものだ。

それから飴細工に、糝粉《しんこ》細工。

糝粉のねったので、魚から野菜のいろいろをたちまちにつくる。これに〔よせなべ〕というものがあった。鍋も、中へ入れる魚も野菜も、みんな手ゆびひとつで美しい糝粉細工にし、その上から黒蜜《くろみつ》をかけてくれる。これはもう、子供ごころにも、食べるのが惜しかったものだ。

さて、冬の夜の縁日だが……。

晩御飯をすませて、曾《そう》祖母に、

「食べてすぐ寝ると牛になるよ」

などといわれながら、ひとやすみして、

「縁日へ行って来る」

と、立ちあがるや、

「〔町田〕の牛てん買って来ておくれ」

と、これは食いしん坊の母だ。

「つまらないものを買うんじゃないよ」

というのは祖母。

「喧嘩《けんか》しちゃあいけないよ」

と、これは曾祖母である。

当時の東京の冬の夜の寒さというものは、とうてい、現代の暖冬からは想像もつかない。だが、筒袖《つつそで》の久留《くる》米絣《めがすり》の下には肌着一枚。股引《ももひき》なぞというものは、五十になったいまでも、死んでもはかぬつもりの私だ。

なぞと、この項ではいささか、童心にかえって、いい気になっている。おゆるしいただきたい。

まっ暗な道の向うに、縁日の灯火が見えて来て、それが近づくにつれ、アセチレンの灯火の匂《にお》いが冷たい空気の中にただよってくる。

「ああ、縁日だなあ……」

と、おもう。

先ず、古本屋へ向う。

そこで、ふところと相談をして、雑誌なり、単行本なりを買う。そのころ私は、大佛次郎氏の大ファンで、少年倶楽《くらぶ》部ではものたりず、大人のよむ雑誌やら単行本の大佛氏の著作を買い漁《あさ》ったものだ。

岩田専太郎装幀《そうてい》の〔赤穂《あこう》浪士〕初版本を、たしか七十五銭で買ったおぼえがあるし、名作〔霧笛《むてき》〕は、三十五銭で買った。本を買ってから、どんどん焼なり、ロールナッなりを買い、まっしぐらに家へ駆けもどる。食べものがさめてしまったら、おふくろになぐられるからだ。

家へ帰って、活々《かっか》と熱い泥行火《どろあんか》へもぐりこみ、買ってきたものを頬張りつつ、買って来た本へかじりつくのが、無上のたのしみであった。

やがて、母が怒鳴る。

「明日、寝坊をすると承知しないよ」

そこでだ。こうして読んだ〔赤穂浪士〕が間もなく、伊藤大輔《いとうだいすけ》の監督、片岡千恵蔵の主演で〔堀田隼人《ほったはやと》〕のタイトルで映画化される。

ついで〔霧笛〕が、新興キネマで、これは村田実監督のもとに、中野英治の千代吉、志賀暁子《あきこ》の洋妾《ラシャメン》、菅井《すがい》一郎のクーパーで映画化され、私は十銭玉をつかんで、鳥越キネマへ駆けつけて行く。

このように、私の子供のころは、縁日から映画まで、一すじにつながっていたものであった。

たまらなくたのしく、たまらなく烈《はげ》しく、私の少年時代は充実していたのである。

と、ここまで書いたとき、母が書斎へ夕刊をもって入って来て、この原稿をよみ、

「また私をつかったね。今年からは小づかいを上げておくれよ」

と、いった。

おまんまの立回り

小説や映画とちがって、舞台での場合、食卓の情景を出すことは、なかなかにむずかしい。

芝居では、制約された時間の中で、しかも限られた場面転換をおこないつつドラマを進行させ、テンポを生み出し、これを高潮せしめて行かなくてはならぬ。

一分一分が、作者にも演出者にも俳優にも、まことに大切な貴重な時間となる。

たとえ、お茶いっぱいをのませるにしても、そこでドラマのながれが中断してしまうことがあるほどだ。

ことに時代物の場合、それも武士の家でのことになると、茶をひとつ出すにしても、いちいち、それらしき作法にかなっていなくてはならぬし、茶わん一個のあつかいが、まことにめんどうなことになってくる。

◇

いつであったか、尾上松緑の芝居を書いたとき、稽古《けいこ》をしていて松緑氏が、

「ここの、お茶は……」

と、いいかけたので、私がすぐ、

「やめにしましょうね」

と、こたえ、二人、顔を見合わせて苦笑したことがあった。

だが、めずらしい例もないではない。

めったに上演されぬが、河竹黙阿弥《もくあみ》作の〔忍ぶの惣太《そうた》〕という芝居。本名題は〔都鳥廓白浪《みやこどりながれのしらなみ》〕というものだが、ストーリーを紹介していては、めんどうなことになるのではぶいておこう。

この芝居で、吉原の遊女・花子というのが出てくる。

これが実は、天狗《てんぐ》小僧の霧太郎という若い盗賊なのだが、最後に正体をあらわし、男にもどった天狗小僧が捕手を相手に立回りとなる。

ここで天狗小僧が炬燵《こたつ》のやぐらに腰をかけ、茶わんで飯を食べながら、捕手と闘う。歌舞伎《かぶき》だけに、拍子木《ひょうしぎ》や鉦《かね》、太鼓の鳴物を入れて、飯を掻《か》きこみながら立回りをするのだから、そのおもしろさというものは、実に、

「たまったものではない」

のである。

これを〔おまんまの立回り〕という。

私は、子供のころに、浅草・永住町のわが家の近くにあった開盛座《かいせい》か、または宮戸座で、これを見物したことがあるけれども、出ていた役者のことまでは、おぼえていない。

近年では、故・市川猿翁《えんおう》の〔忍ぶの惣太〕で上演したとき、三代目・中村時蔵の天狗小僧で見て、幼時の芝居見物のことが、なつかしくてたまらなかったものだ。

◇

十五、六年も前に、東宝劇場が火災をうけたとき、ちょうど、翌月に同劇場へ出演する筈《はず》だった新国劇が、仕方なく、島田正吾と辰巳柳太郎が二つに別れ、島田は芸術座へ、辰巳は東横劇場へ、劇団員を二つに分けて出演することになった。

そのとき、東宝劇場で上演する筈の、私の脚本〔決闘高田の馬場〕なるものを、辰巳が東横で出したのである。

これは、辰巳柳太郎が、

「今度、中山安兵衛《やすべえ》の十八番斬《ぎ》りをやって見たいのだが、書く意志はあるかね?」

と、いったので、

「ある」

と、こたえ、私は五日間で書きあげてしまった。

それもこれも、小芝居や映画で、何度も何度も、子供のときから見ている高田の馬場の決闘を書きたくてたまらなかったからであろう。

こういうものは、あくまでも娯楽に徹してしまわないと、おもしろくない。実際には、中山安兵衛（いうまでもないが、のちの赤穂四十七士の一人、堀部安兵衛）が、菅野六郎左衛門の助太刀をして、高田の馬場で斬った敵は二人か三人である。

しかし、新国劇の高田の馬場ともなれば、ぜひとも十八人は斬らねばならぬ。

いろいろとあって、いよいよ、牛込の天龍寺谷町の浪宅から、安兵衛が高田の馬場へ駆けつける場面となる。

稽古のとき、ここへ来ると、辰巳柳太郎が、

「なあ、おい。おれはね、ここで、駆けつける前に、やっぱり腹ごしらえをして行きたいんだよ、どうかねえ」

と、私にいった。

「ああ、いいですよ」

言下にこたえると、

「そうかい、いいかね、いいんだな？」

「いいですよ」

のちに辰巳氏が、

「あの野郎、めずらしく許可してくれたよ」

と、座員にいったそうな。

これから高田の馬場へ駆けつけて、いのちがけの斬合いをするというのに、飯を掻きこんでしまっては、とても闘えるものではないが、そこが、この芝居のおもしろさで、小芝居ではお鉢ごと抱えて飯を掻きこむやり方もある。

辰巳柳太郎は、さすがにそれは気がさしたと見え、茶わんへ、山もりに飯をよそって食べることにした。

折りしも長屋のうしろの天龍寺で朝の勤行《ごんぎょう》がはじまり、木魚《もくぎょ》の音が急迫し高まるにつれ、辰巳の安兵衛が飯に湯をかけては食い、食っては、湯でながしこみはじめると、

「うわあ……」

客席、大よろこびとなった。

飯を食い終えて、外へ飛出し、大刀を引きぬき、井戸水を口にふくみ、これを刀の柄《つか》に吹きかけ、猛然として花道を高田の馬場へ駆けつけて行くわけだが、やはり、こうしないと高田の馬場の十八番斬りは、もりあがってこないのだ。

このときの辰巳の安兵衛は、実に、すばらしいもので、決闘のシーンでは、刀の鍔《つば》で右手を打《ぶ》ち切り、四針も縫うほどの気の入れ方であった。これはやはり、芸術座の島田正吾に、闘志を抱いていた故《ゆえ》かも知れぬ。

しかし、これが縁になって、のちに私は〔堀部安兵衛〕なる長篇小説を書いた。このほうは三人しか斬らない。

そのかわり、中津川祐見《ゆうけん》との二人だけの決闘を新聞連載の五回分、約十七枚も書いてしまった。

ランプの宿

隣りといつても一里　夜はランプのあかりだけが何よりのたよりだ
うす暗いがそれは人情のやうになつかしい
軒端《のきば》にせまる山の上は星がいつぱいだ
氷水屋の硝子玉《ガラスだま》の簾《すだれ》のやうだ
三国《みくに》街道は其処《そこ》を通つてゐる
何となくそこまで行つたら夜でもうす明るいやうに思はれる
しろい桔梗《ききやう》の花がつめたく咲いてゐるだらう
夜露が雨のやうだらう
とほく越後《ゑちご》の方の村に祭があつてその囃子《はやし》の笛や太鼓でもきこえやしないか
ランプの芯《しん》をほそくする
誰か出て行つたやうだ
見なれぬ客人――

渓川《たにがは》の水の精である
　私は夜冷えを感じて障子をたてる

右は、私の大好きな田中冬二氏の〔法師温泉〕と題する一篇である。

戦前の、上越国境の谷底にある法師温泉は、まったく、田中氏の詩情そのものであった。

私が、はじめて法師温泉をおとずれたのは、いまから三十六、七年も前のことで、当時の私は株式仲買店の少年店員であった。

いうまでもなく、田中氏の詩にさそわれて、はじめは只《ただ》ひとりで出かけて行った。

上越線の後閑《ごかん》駅から山の街道を約七里。いまは、すばらしい観光道路ができて、上越国境の三国峠を越え、越後・湯沢へ通じているが、当時はバスの車窓すれすれに断《だん》崖《がい》絶壁をのぞみつつ、せまい山道を一時間半もゆられて行ったものである。途中、月夜野、新治《にいはる》、湯宿、吹路《ふくろ》、猿ヶ京などの美しい村々をぬけて行くのだが、秋になると、これらの村々が紅白のコスモスの群におおいつくされてしまう。春と秋の彼岸には、月夜野の茂左衛門《もざえもん》地蔵の祭があって、私どもは、その縁日へまぎれこみ、線香のけむりの中を村の人びとと共に、屋台の焼餅《やきもち》を買って頬張ったりしたものだ。

猿ヶ京の湯場から谷底へ下って行くと、鬱蒼《うっそう》たる樹林の彼方《かなた》に、ぽつりと、法師の湯のランプの灯りが見える。

暗い夕闇《ゆうやみ》の底を泳ぐようにやって来て、この灯りを見るのがたまらなくて、その時刻をはかり、わざと猿ヶ京でバスを捨てて法師へ向ったものである。一度行くと、もう病みつきになってしまい、何かというと一年に、五度も六度も行った。

法師の湯は、湯元の〔長寿館〕ただ一軒で、石をのせた木肌ぶきの屋根、黒光りのした太い柱や梁《はり》。みしみしと鳴る廊下に白い障子。どこまでも山奥の湯治場のおもむきで、まだ、渓流の上の新館さえ、出来てはいなかった。

十年ほど前に出かけて見たが、もはや昔日《せきじつ》の、

「見なれぬ客人――渓川の水の精である」

ような、神秘的な雰囲気《ふんいき》は、まったく消えてしまっていた。

浴舎は、渓流にのぞんだ丸太造りのもので、ひろい浴槽の下に石を敷きつめ、清冽《せいれつ》な温泉が、この石の間からぶくぶくと泡《あわ》をたててふき出している。

若葉のころなどに行くと、開け放った浴舎の窓いっぱいにあふれている緑の色彩が陽光と共に中へながれこんできて、温泉につかっている私どもの躰《からだ》が、青く染まってしまいそうにおもわれた。

その季節の夜ふけ。浴槽に沈んでいると、ぴ、、、しゃんと何かが温泉の中へ落ちて来る。

なんだろうと眼を凝らすと、ランプの灯影に、湯の中を泳いで行く青い蛇が見えた。
これは、浴舎の梁に巻きついている蛇公が、湯気に蒸されて酔い、落ちて来るのであった。

のちに、法師へ私と同行した株屋仲間の井上留吉が日中の入浴に、目の前へ落ちて来た青蛇に目をまわし、失神してしまったことがあった。

「戦争に行ったときより、怖かったぜ」

と、戦後に再会をしたとき、長虫ぎらいの井上が、つくづくといったものだ。
膳《ぜん》の上のものは、素朴な山菜や鯉《こい》の料理であったが、注文をすると、カツレツを揚げてくれた。仁王さまの掌《て》のような、いかにも無骨《ぶこつ》なカツレツ。こいつを喰《た》べ残しておいて、ウスター・ソースをびしょびしょにかけ、翌朝になるまでとっておき、

「こうして冷たくなった、ソース漬のカツレツときたひにゃあ、たまらねえよ」

と、井上留吉がいうので、「よし。では……」と、さっそくやって見た。

無骨なカツレツの白い脂《あぶら》と厚いコロモが、とろとろにソースに溶けかかり、その冷たいのを熱い飯で食べる。これは、いまでも好きだ。冬にやるのはことによい。

井上留吉は、まことに喧嘩早《けんかつぱや》い男で、若いころの私も、ずいぶん付合わされたものだが、この法師温泉でも、井上はやった。

秋も深くなったころに行き、夜ふけに、二人で温泉に沈んでいると、板囲いの向う

むかしの法師温泉

の女湯で、悲鳴が起った。

二人で、板囲いを飛越えて駆けつけると、顔なじみの女中のかね子の白い豊満なお尻《しり》へ、中年の客が齧《かじ》りつき、何やら怪《け》しからぬふるまいにおよぼうとしている。

「何をしている!!」

怒鳴りつけた井上が、左手に中年男の毛髪をつかんで引起し、右手で、ぽかぽかと撲《なぐ》りつけ、そのまま外へ引きずり出し、客用の褞袍《どてら》の帯で両手を縛りあげ、谷川の中へ漬けこんでしまった。

夏の最中でも、手が切れるような谷川の水で、中年の客が悲鳴をあげて、あやまる。

かね子が、「もう、いい」というの

で、中年男を引きあげてやった。

井上が警官を呼ぼうというと、男は平身低頭して、かね子と井上に謝罪し、宿のあるじも仲へ入ったので、井上もゆるしてやることにした。

この客は、東京の何処《どこ》かの工場主だったらしい。宿帳に、そう書いてあったということだ。

「見世物のモモンガアみてえな面《つら》をして、怪しからねえ奴《やつ》だ」

と、井上は息巻き、

「それにしても、かねちゃんのお尻、大きかったねえ」

感嘆してやまなかった。

このとき、私も井上も「見世物のモモンガア」と、一年もたたぬうち、東京で、ばったり出会おうとは、おもいもよらなかった。

そのはなしは、この次に書きたい。

神田連雀町

太閤《たいこう》・豊臣秀吉《とよとみひでよし》が、徳川家康を関東に封《ほう》じ、家康が江戸に本城をさだめたのは、天正十八年（一五九〇）八月というから、約四百年もむかしのことになる。

以来、家康は関東の経営に情熱をかたむけ、草深い海辺の村にすぎなかった江戸は、年ごとに城下町として発展し、ついには、徳川幕府の〔本拠〕となるに至った。

その江戸の、神田・連雀町は……秀吉が歿《ぼっ》し、家康が、ようやくに〔天下人〕としての実力をそなえてきた慶長年間に、商人たちの品物を背負う用具である連尺造りの職人たちが多くあつまっていたので〔連雀町〕と名づけられたものだそうな。

神田・連雀町という町名は、昭和のはじめに、もう消えてしまっている。いまの千代田区・神田須田町一丁目と神田淡路町二丁目の内が、むかしの連雀町であった。

私どもの年配から上の人びとが、その一角を、いまだに〔連雀町〕と呼ぶのは、ひとえに、むかしの東京をなつかしむがゆえである。

というのも、この一角に、明治・大正のころから営業をつづけている〔食べもの屋〕が四軒もあるからだろう。

この一角は、ふしぎに、太平洋戦争の空襲にも焼け残り、むかしの東京の町の香りを辛うじて残していることも、理由の一つになっているのだろう。

先《ま》ず〔藪蕎麦《やぶそば》〕である。

東京が誇り得る数少ない名店の一つだ。

すぐ近くに、あんこう鍋《なべ》の〔いせ源〕と、鳥料理の〔ぼたん〕が、戦前のままの古びた姿で、客を待っている。この二店、連日のごとく、いまも大繁昌《はんじょう》らしい。それに汁粉屋の〔竹むら〕の四軒である。

神田の須田町の交差点から、この一角に入って行き、細い道を曲って〔ぼたん〕の前へ出ると、入口の軒先に〔ぼたん〕と書いた行燈《あんどん》がさがっているのだ。

旧臘《きゅうろう》。ふと、前を通りかかって、なつかしくなり、ぶらりと入って見た。

それこそ三十年ぶりに、であった。

入って、突き当りの廊下の奥の、庭に面した座敷へ通されたとき、

(この座敷だったな……)

はっきりと、おもい出した。

株屋にいたころ、僚友・井上留吉と私は、神田や上野の寄席《よせ》へ行く前に、よく、この〔ぼたん〕へ来て鳥鍋を食べたものだ。

見栄《みえ》も体裁もなく、うまい鳥を客に安く食べてもらおうという商売の仕方で、これ

はいまも変っていないことが、三十年ぶりに行って見てわかった。そのかわり、女中の接待がどうのとか、座敷が古びていて畳が汚い、などといっていては、とてもはじまらない。

むかしのままの、朱塗りの箱火鉢で備長《びんちょう》の炭を赤あかとおこし、鳥鍋で酒をのみ、友人二人と共にたらふく食べて、忘れてしまったが、それは現代の東京の、店によってはコーヒーが三百円もすることを考えると、それは、おどろくほど安い。

◇

さて……。

前記の法師温泉で、女中のかね子へ怪しからぬまねをした「見世物のモモンガア」が、井上留吉と私の前にあらわれたのは、実に、この〔ぼたん〕の座敷においてであった。

九月も末の、夜の七時すぎであったろう。奥の、入れこみの座敷へ入って行く井上と私を、かの「モモンガア」が廊下で見ていたらしい。

「モモンガア」というのは、ムササビに似た鼯鼠《ももんが》のことで、リス科の夜行性の小動物である。

まあ、それに似たものが見世物に出ていたのだろう。私も井上も見たことはないが、

子供のころ、母や祖母に、

「いたずらをすると、モモンガアに食べられちまうよ」

などと私は、よく、いわれたものだ。

井上が見たこともないくせに「見世物のモモンガア」と罵倒《ばとう》した件《くだん》の中年男は、なかなか小動物どころではなく、がっしりした躰《からだ》つきの、頬骨の張った、するどい眼つきの男であった。こやつが本当に、法師の宿帳に記した工場主だったかどうか、それは知らぬが……。

「おい。去年のことを、おぼえているか」

凄味《すごみ》にいって、ぬっと入って来た洋服姿の「モモンガア」のうしろに筋骨たくましい若者が二人、井上と私をにらみつけていた。

同じ座敷に、客が一組あった。

彼ら三人の様子を、いま、おもい返して見ると、やはり工場主と工員のように考えられる。ごつごつした彼らの手に洗ってもとれぬ汚れがしみついているのを、灯火の下で見たような気がする。

そのとき、私と井上は一瞬、顔を見合わせたかどうか、それをおぼえていないのだが、こうしたときの呼吸は、いつもぴたりと合ったもので、

「おぼえているか……」

と、「モモンガア」がいい終ったときには、私の手が箱火鉢の鍋へかかり、これを「モモンガア」の胸もと（顔へではない）へ、ぱっと放り投げていた。

「うわぁ……」

「モモンガア」と、付人《つけびと》の二人がびっくりあわてた。当然だろう。

その隙《すき》に、井上留吉と私は、三人を突飛ばすように廊下へ飛出した。

二人とも和服であったが、こういうとき、あずけてある履物《はきもの》のことや、勘定のことなどに気をつかっては、すべてに遅れをとってしまう。

井上は、ものもいわず、まっしぐらに足袋はだしで廊下から玄関、門の外へ駆け去る。私を見捨てたようにおもえるが、そうではない。こういうところが井上とは口に出さなくとも通じ合っていた。

私は、井上が飛去るのを見送ってから、廊下で振向き、

「間ぬけめ。一昨日《おととい》来い!!」

と、叫んだ。

「この野郎!!」

「待て!!」

ネクタイや背広に、煮つまった鳥肉やシラタキ、ネギなどをくっつけた「モモンガア」が、二人の若者と廊下へあらわれたのを見て、私が、ぱっと井上の後から足袋は

だしで門の外へ駆けぬけた。

逃げたのではない。料理屋の中で立廻《たちまわ》ったのでは、店も、お客も迷惑千万だからである。

三人は、怒髪天をつくというやつで、猛然と私たちを追いかけて来た。

◇

私が〔ぼたん〕の門を外へ飛出すうしろから、若いのが二人、

「待てえ!」

と、追って出るのを、塀外《へいそと》に待ちかまえた井上留吉が擲《なぐ》りつけた。

手で擲ったのではない。

井上は〔ぼたん〕の塀外に出ていた大きな塵取《ちりと》りをつかみ、これで擲りつけたのである。

ぼかん、ぼかん……と、横擲りに二人の顔を擲りつけた。

塵取りの底がはがれてしまったほどの強打であったから、たまったものではなかった。

「う、うう……」

顔を押えて二人が、ふらふらとなったところへ、今度は駆けもどって来た私がぽか

ぽかと撲りつけると、玄関を飛出して来た「モモンガア」が、青くなって立ちすくんだ。

井上と私は後も見ずに引きあげた。

そのころ、いまの交通博物館のところに建っていた広瀬中佐と杉野兵曹長の銅像の前を左へ駆けぬけ、淡路坂をのぼって、お茶の水へ出たことをおぼえている。

「うまくいったね」

と、私。

「もう一度、あんなのをやって見てえな」

と、井上留吉。

当時の私どもの喧嘩《けんか》というのは、こうしたものなので、にぎやかにやって、しかも手っ取り早いのがよいのである。

喧嘩の〔喧〕は〔喧《やか》ましい〕ということで〔嘩〕の字は口偏に華々しいの〔華〕をつけたものだ。

喧ましくて、華々しくやらなくては〔喧嘩〕ではないと、私も井上もおもっていた。

ここへ〔怨恨《えんこん》〕や〔刃物〕が入ってしまうと、もう喧嘩ではなくなってくるのである。いまはもう五十になって喧嘩どころではない。足もとが、すっかりあぶなくなってしまっては、どうにもならぬ。

ところで、この後始末は、

「何事も、おれから出たことだから……」

と、井上は一人で数日後に〔ぼたん〕へ出かけ、あのときの勘定と、しかるべき損料を払って来た。

井上留吉は乱暴な男であったが、こういうところは十五、六のころから、きちんとしていたものだ。

その後、どうも行くのがはずかしくなり、〔ぼたん〕から足が遠のいてしまったのである。

◇

あれだけ〔藪蕎麦〕や〔ぼたん〕へ行きながら、目と鼻の先の〔いせ源〕は知らなかった。〔いせ源〕へ行ったのは、つい八年ほど前に、小学校の同級生でＮＨＫにいる笹川直政が「おれも知らないんだ」というので、はじめて出かけた。

あんこう鍋の〔いせ源〕の創業は、天保元年だという。

私の先祖が、宮大工として越中の井波《いなみ》から江戸へ移って来たのも、ちょうど、そのころであったろう。

あんこう鍋というのは、食べつけたら、それこそ「たまらない……」ものだそうな。

それほどに熱中してはいない私だが、酒に、あんこうはよいとおもう。

ところで〔藪蕎麦〕だが、この店については折りにふれて書いたから、つぎは〔いせ源〕の前にある汁粉屋の〔竹むら〕である。

ここへも、井上とは〔ぼたん〕へ来るたびに入った。

酒のあとの〔御膳《ごぜん》汁粉〕はなかなかによいもので、私は好きだが、井上は〔粟《あわ》ぜんざい〕を三杯も食べてしまう。

これには、あきれるばかりであった。

むかしの東京の汁粉屋というものの匂《にお》いが、そのまま残っているのは、東京でも、この〔竹むら〕ぐらいではあるまいか。

ひっそりとしていて、しかも、客がいないわけではない。語り合う声も、おのずから、ゆっくりとしずかになるのも、この店の雰囲気が、そうさせるのであろう。

店のおもて構えに、ささやかな生垣があって、入口の格子戸《こうしど》に〔しるこ・竹むら〕と、つつましげに染めぬいたのれんがかかっているきりで、夏になると、のれんの横の格子窓に〔氷しるこ〕の札《ふだ》がさがるだけで、そのすがしさは、むかしの東京の〔食べもの屋〕の店構えそのものだ。

いま、たとえば、私の家の近くの商店街を歩いて見ると、鮨屋《すしや》がある。

のれんに〔○○寿司〕。電気看板に〔○○寿司〕とあって、立看板に〔○○寿司〕

である。間口二間《けん》の小さな店先が看板で埋まっている態《さま》は、日本という小さな島国へ、めったやたらに車輛《しゃりょう》が、航空機が、商店が、食べもの屋が、酒場がキャバレーが氾濫《はんらん》しているのと、非常によく似ている。

正直なもので、近年、見物が激減した日本映画を上映している映画館の前だけは、さっぱりとしてきた。

以前は、小さな映画館の前に、大小のポスターが十枚も二十枚もならび、その上に〔幕〕や〔旗〕にも上映中の映画題名をならべて、その気ちがいじみたありさまには、見るたびに笑いがこみあげてきたものだが……。

はなしが、それてしまった。

〔ぼたん〕の前に、むかしからある鮨屋〔寿司長〕がある。

むかし、大晦日《おおみそか》などは、高張提灯《たかはりぢょうちん》をかかげ、夜通しで商売をしていた鮨屋だ。老夫婦で仲よく鮨をにぎっている。この店のおもしろさなどは、畢竟《ひっきょう》、私だけの、「おもしろさ……」

なのかも知れぬ。

同じ理由で、縁日の項で書いた洋食屋〔松栄亭〕にも、私は、むかしの東京の下町の匂いを嗅《か》ぐのである。

私の小説〔その男〕の主人公・杉虎之助翁《おう》が老い果てて息子と共に暮していた洋食

屋そのものだ。なんともいえず、なつかしくなってくる。こうした洋食屋が下町のどこにもあって、町内の人びとをたのしませていたのである。

私は、〔正月四日の客〕という短篇の中で、蕎麦屋の老いた亭主に、

「人のこころと食い物のむすびつきは、おもうように解けねえのだよ」

と、いわせているが、これはまったく自分のことを書いたわけで、年をとるにしたがい、日々に口へ入れる食べものと、おのがこころのうごきとが、私のような男には密接にむすびついていて、どうにもならないのである。

京都の稽古《けいこ》

今度、十三年ぶりで、新国劇へ新作の脚本を書いた。

私が、この劇団の〔座付作者〕だなどといわれるほどに絶え間もなく島田正吾・辰巳柳太郎の脚本を書いていたころは、演劇の興行も、また劇団の様子も大分にちがってい、新作の稽古ともなれば、その前の月に、劇団が出演している大阪か名古屋の劇場へ行き、芝居がハネてのち、みっちりと七日ほどは稽古をし、それから月末に劇団が帰京するのを待ち、五日ほどは稽古ができたものだ。

今度は、余人を一人もまじえぬ劇団だけで、二月の新橋演舞場へ出るわけだが、前月は京都の南座へ出て、千秋楽が二十八日。そうなると演舞場では舞台稽古しか出来ない。私も手まわしをよくしたつもりだが、何しろ、いまは小説をやっているものだから脚本が全部あがって、京都へ稽古に出かけたのは、一月の二十二日であった。

稽古日数は、五日ほどしかないので、本読みも読み合せもしないことに決め、そのかわり前もって研究生に至るまで刷りあがった脚本をわたしておき、一日目に、いきなり立稽古へ入った。

私が仕事をしていたころの劇団員の三分の二ほどは退団したり、病歿《びょうぼつ》したりしている。それでも、やはり、むかしのホーム・グラウンドだけに、スタッフすべてが私の呼吸を忘れずにいて、いきなり熱っぽい稽古をはじめてくれたのは、ありがたかった。

私の脚本の処女作が新国劇で、はじめて上演されたのは、昭和二十六年の夏の演舞場である。当時、終戦間もなくのこととて、劇場に冷房もなく、役者も観客も汗をだらだらながしていたが、それでも連日満員であった。われわれの娯楽といえば、芝居と映画だけの時代だったのである。食べものすら充分でなかった。

そのときの演出は、文化座の故佐々木隆氏におねがいした。私が自分の脚本の演出をするようになったのは昭和三十年からで、そのときのことは、前にもふれておいたけれども、当時の私は三十をこえたばかりで、稽古ともなると、連日のごとくビーフ・ステーキやカツレツであった。

私の稽古は、躰《からだ》も足も動かしすぎるほど動かすものだから、肉を食べぬと、とても、もたぬような気がしたものだ。

今度の一日目は、夕暮れ近くに、三条・木屋町の〔松鮨〕へ行き、他に客もなかったのをさいわい、酒を四本ほどのんだ。

「今日は、いいのが入ってます」

と、主人が、穴子《あなご》、鯛《たい》、まぐろ、ひらめなど、つぎからつぎへ出してくれる肴《さかな》をみんな平らげ、鮨も十五ほど食べ、いったんホテルへもどって、九時半までねむり、南座の稽古場へ出かけた。

稽古が終ってホテルへもどり、〔松鮨〕でつくっておいてもらった〔ちらし〕をも平らげ、この日は、しごく快調であったが、さて、ねむろうとすると、すこしもねむれぬ。

旅へ出た第一日は、平常と昼と夜の違った生活が、まったく狂ってしまうので、ねむれなくとも、あまり、気にしない。ところが躰が疲れているくせに、ねむれなかったものだから、翌日は、まったく食欲が失《う》せてしまった。

夕方に、大阪から友人たちが来て、久しぶりで祇園の〔新三浦〕へ行き、鳥の水炊《た》きを食べ、おいしいともおもい、むかしのままに、この店が良心的な商売をしていることに感心もしたが、おもうようには食べられぬ。

この夜の稽古は、まことに辛《つら》かった。

今日は南座が舞台を貸してくれたので、演舞場で上演する舞台の寸法どおりに役者たちをうごかすことができたのは、まことに幸いというべきであったが、それだけに躰も疲れた。

大山克巳《かつみ》が寄って来て、

「私も、四十をこえました」

といったので、びっくりした。

私の処女作上演のとき、彼は二十そこそこだったし、島田・辰巳の両氏が、ちょうど今の大山君の年齢だったのではないだろうか……。

それにしても、六十をこえた島田正吾が、飽くこともなく殺陣《たて》の稽古をくり返すのを見ていると、つくづく、役者というもののエネルギーをおもい知らされる。躰のうごきは、むかしのままだ。

こっちは、もう足が痛くて痛くて、ホテルへもどったときは、シャワーも浴びずにベッドへもぐりこんでしまった。

ところが、ねむれない。猛烈に、腹が空《す》いてきたからである。三日目の朝、起きたときには、フラフラであった。

しかし、朝はコーヒーにホット・マフィン一個だけにし、昼すぎから、ホテルで〔ドライ・マティーニ〕のオンザロックを三杯ものみ、それから、三時間もかけて、入念にマッサージにかかった。

夕方になると、腹の皮がくっつきそうになっている。

ここで、四条通りの〔万養軒〕へ出かけ、大好きな冷コンソメにヒレ・ステーキをやり、グリーン・サラダを一鉢食べ、ようやく活力がみなぎってくるのを感じた。

この夜は、稽古を終えてホテルへもどると、泥のごとく、ねむりこけてしまうことができた。

食べることと、ねむることとの幸福。

人間の生活を突きつめて行くと、この二つにしぼられてしまう。

また、私は、仕事も生活も、すべて、この二点へしぼって行くようにしている。

マッサージへかかる前に、マティーニのような酒をのむのも、私自身の躰の仕組みをわきまえているからである。こうしたほうが二倍も三倍も、私の躰にはマッサージが効くのだ。

翌日から、食欲が順調となった。

昼には、町のうどん屋で狐《きつね》うどんを二つ。

夕飯は、四条・木屋町の〔志る幸〕で酒三本。鯛の刺身。野菜のゴマ和《あ》え、焼蛤《やきはまぐり》、カツオの塩辛、飯二杯、トウフの味噌汁《みそしる》。

稽古が終ってからは、木屋町で遅くまでやっているラーメン屋の〔飛龍〕でラーメンの大盛り。翌日の昼飯は、花見小路の〔つぼさか〕で、牛ヒレ肉のザンガラにドライ・カレー、というわけで、どうやら無事に帰京した。

芝居の仕事も、脚本の段階までは頭脳の労働であるが、稽古がはじまれば、まるで、工事現場の監督のようなものである。

そしていま、つくづく、おもうに、私の性分に合っているのは、やはり、工事現場の監督なのだと、しみじみおもった。

しかし、もう遅い。私の躰は完全におとろえてしまったのだから……。

横浜の一日

旧臘《きゅうろう》から正月にかけて、大晦日《おおみそか》も元旦《がんたん》もなく、はたらきつづけてきた男《やつ》が四人、なんとなく、その日に暇ができ、一人がかけた電話がきっかけとなって、

「横浜《ハマ》へ行こう」

と、いうことになった。

一人は横浜在住のジャーナリスト。

あとの二人は、これもジャーナリストに画家。それに私だ。いずれも中年から初老に入りかけている男ばかりで、色気のないこと、まさに、おびただしいものがある。

となれば、のむことと食べることしかない。

「どこか、めずらしいところへ行こう」

というので、四人が朝のうちから何度も電話をかけ合ったあげく、

「一度も行ったことがないから、本牧《ほんもく》の〔隣花苑《りんかえん》〕で飯にしよう」

と、なった。

電話をしてみると、四人ならば仕度が出来ますということだったので、自動車で順

路にしたがい、四人が乗りこみ、横浜へ向った。

冬の、あたたかい午後である。

陽ざしが早春のそれのように、きらめいていた。

車の中に、洒落者《しゃれもの》の画伯が、いつも何処《どこ》かにふりかけているオーデコロンの匂《にお》いがたちこめている。

「今日はね、おれの誕生日なんだよ」

と、画家が、何やらさびしげにつぶやいた。

われわれの知っている横浜の本牧は、三溪園《さんけいえん》と、それにエキゾチックな小港の娼家《しょうか》の二つである。

このあたりの風景は、近年、まったく変ってしまった。

運転手が、道を間ちがえ、ひろびろした工場のならぶ埋立地のハイウエーへ走りこんだとき、おもわず、私が、

「ここは、むかし、海だった……」

そういうと、画家が、ぽつんと、

「チャブ屋の娼婦《おんな》たちが、泳いでいたところかも知れない」

と、つぶやいた。

いつもは、どんよりとしている画家の小さな眼が微《かす》かにかがやいたのを、われわれ

三人は見逃さなかった。

三渓園の山の上の三重塔を目じるしにして、やがて、私たちは〔隣花苑〕に着いた。

本牧の三渓園は、三渓・原富太郎が、明治三十九年初夏に、横浜の東南、本牧海岸に開園した庭園であって、原翁《おう》は、今日の日本画壇にも多大の影響をあたえた、といわれるほどの美術愛好家だけに、この本牧海岸の山と谷とを利用して造られた庭園の美しさは、むかし、若い私どもがここを訪れるたび、四季それぞれの印象が強く残っている。それはまた、横浜という土地の雰囲気と、この三渓園と、小港の娼家とが織りなす、なんともいえぬ融合があったからだ。

三渓園には、江戸初期の紀州家の別邸であった〔臨春閣〕をはじめ、重文指定の建築が、ふかい木立と、大きな池と、谷間の中に散在している。

だが、今日は、三渓園の近くにある〔隣花苑〕での食事の時間がせまっていたので、そこへ直行した。このあたりの閑静な住宅街のおもかげは、むかしのままのような気がする。

〔隣花苑〕は、原三渓が、伊豆の大仁《おおひと》の広瀬神社の神官・西島氏の家を移築したものである。

伊豆の、この古い民家のすばらしさは、行って見ぬとわからぬ。

何故《なぜ》というなら、約六百年も前に建てられたこの家に、原翁の孫にあたる西島家が暮していて、人間の生活が持続していることなのだ。

黒光りのする豪快な柱と梁《はり》に抱きすくめられた、ひろい土間の囲炉裏に赤々と炭が燃えてい、白い小さな、細かい花が大きな壺《つぼ》に投げこまれている。

やがて、料理がはこばれてきた。

まぐろの赤身などの前菜である。野菜の煮物である。雑煮である。

中国風の麵《めん》である。

すべてが、家庭料理のあたたかさと、入念な調理によるもてなしであって、この家の愛好者は非常に多い。

ひろい庭の芝生の彼方《かなた》に、三渓園の三重塔がのぞまれ、それが、しだいに夕闇《ゆうやみ》の中へ溶けこんで行くのを、われわれは飽くこともなくながめ、料理を口へはこび、酒をのんだ。

「戦争中は、この辺に、高射砲の陣地があったものだから、ずいぶん、ひどくやられました。ハマの他のところは焼夷弾《しょういだん》が多かったんだが、この辺だけはアメリカの爆弾でやられちまってね」

と、横浜に住むジャーナリストがいった。

夜になって、私たちは関内《かんない》へもどり、常盤《ときわ》町の酒場〔パリ〕へ行った。

この店も古い。先年亡《な》くなった主人の田尾多三郎のことは、古い横浜人《よこはまびと》が、みな知っている。

開業は大正十二年というから、私が生れた年だ。

そのころの場所とは、すこしはなれたところに、いまの〔パリ〕はある。

カウンターにソファだけの、小ぢんまりとした酒場で、ママが、ひとりでロング・スプーンをあやつり、シェーカーを振る。

私たちは、カルバドスをのみながら、ママのはなしをきいた。

私にとっては、おもい出がふかい〔スペリオ〕のママが、去年病歿《びょうぼつ》したことも、この夜に、はじめてきいたのであった。

カルバドスはリンゴ酒を蒸溜《じょうりゅう》したもので、もともとは安い酒だが、貯蔵の古いものは、相当に値が上がるらしい。

レマルクの小説〔凱旋門《がいせんもん》〕で、主人公の貧乏な医者が、この酒を愛飲する。

映画では、この医者をシャルル・ボワイエが演じた。

終戦間もないパリのカフエで、ボワイエが憂鬱《ゆううつ》そうにカルバドスをのんでいるシーンを、私は、ふとおもい出した。

「むかし、この辺にまで、港の霧がたちこめていたもんだが……」

というと、ママが、

「このごろはスモッグで、霧が逃げちゃいます」

と、こたえた。

〔パリ〕を出て、私たちは〔スペリオ〕へ寄り、ママが死んだことをたしかめてから、東京への車に乗った。

好事福盧と煮こごり

〔好事福盧〕と書いて「こうずぶくろ」と読ませる。洋菓子の名前である。京都の中年以上の人びとなら、一度は、この菓子を口にしたことであろう。

河原町の繁華な通りから北へ入った寺町も二条の、静かな商店街の一角にある〔村上開新堂〕の、まことに愛すべき一品なのだ。

私が、はじめて〔好事福盧〕の味を知ったのは、むかし、祇園のお茶屋で、酒のあとに出されたときのことであった。

材料は蜜柑《みかん》である。それも、紀州蜜柑の大きなやつ。

この中身をゼリーにする。蜜柑の実をしぼったジュースへ、キュラソーをそそぎ、ゼラチンでむっちりと固めたものを、また蜜柑の皮へつめこみ、パラフィン紙で包み、蜜柑の葉の形のレッテルをひもで下げる。古風な、いかにも明治・大正をしのばせるデザインなのだが、いまも変らぬ。

〔村上開新堂〕は、明治末年の開業で、〔好事福盧〕は、初代の店主が工夫考案した洋菓子である。

この一月の末に、京都へ芝居の稽古《けいこ》に出かけた折り、寺町すじを通りかかって、〔開新堂〕の前へ来たので、

（おそらく、残ってはいまい）

とおもいながら、中へ入り、

「〔好事福盧〕があまっていませんかね？」

と、きくや、お内儀《かみ》さんが、

「三つ、ございます」

にっこりとしていった。

〔好事福盧〕は、物が物だけに予約制になっている。まあ、前日にたのんでおけば間違いないのだが、時折り、ひょいとあまったのがあって、通りがかりに買うことができるのだ。

〔好事福盧〕を三つ買って、ホテルへ帰り、そのうちの一つを食べ、残る二つを、箱へ入れ、フタを開けたままで、小さなベランダへ出して置いた。

ホテルの室内は、暖房で汗ばむほどだが、むろん、冷蔵庫はついていない。

それから夕暮れの町へ出て、これも京都では、もっとも古いバーの一つである〔サンボア〕へ行き、ドライ・マティーニのオンザロックを一杯のみ、食事をすませてから映画を一本見物。それから南座の稽古場へ行き、稽古をすませ、十二時半にホテル

へもどった。

暖冬で、歩くうちにも汗ばんで来るのに、ホテルへ入ると、また暖房がききすぎている。

部屋へ飛込み、シャワーを浴びて湯上りタオル一枚になり、途中で買って来た罐《かん》ビールをあけ、ベランダへ出しておいた〔好事福盧〕を取りこむ。

暖冬といっても、真冬の外気に抱きすくめられていた〔好事福盧〕は、ほどよく冷えていた。

ビールで、〔好事福盧〕を食べる。

添えてある木製のスプーンで、ゼリー状の中身をすくいとり、口へ運ぶと、蜜柑とキュラソーの香りが口中へひろがり、なんともいえぬさわやかさだ。

五十になったいま、菓子を、あまり食べなくなった私だが、こういう菓子なら、いくつでも食べられる。

◇

むかしは、菓子にも季節があって、冷暖房完備の現代にくらべると、私ども、東京の下町に住む職人の家などの〔御八つ《おやつ》〕には、それぞれ、四季の雰囲気《ふんいき》が感じられたようにおもう。

〔やきいも屋〕が初夏になると〔蜜豆屋《みつまめや》〕に転じ、夏ともなれば〔かき氷〕を売るように、である。

夏など、祖父に、

「氷のブッカキを買っておいで」

と、いわれ、十銭ほども氷を買ってくると、祖父は、その半分を薬罐《やかん》の麦茶へ入れておき、残る半分で、水羊羹《みずようかん》を冷やす。

桜の葉に包まれた水羊羹が、ひんやりと冷えたのを口にするとき、子どもごころにも、夏を感じたものであった。

冬になると、駄菓子屋で〔煮こごり〕を売る。私は、これが大好物であった。鮫《さめ》の切りくずや皮をきざみ、濃い目の出汁《だし》に入れ、これに少量の寒天を入れ、箱へ流しこんで凍らせたやつを切り分け、三角形の一個が一銭であった。

こんなものをよくまあ、むかしの子どもは食べたものだと今さらながら、おもうのである。

私は、冬の夕飯どきに、祖母や母から、

「二銭おくれ」

などとせがみ、煮こごりを二つ買って来て、これを夕飯の膳《ぜん》へ持込み、ごはんのおかずにして食べるのが大好きであった。

「この子は、ほんとうに変っているよ」

と曾《そう》祖母がいい、

「こんどは、あたしがうまいのをこしらえてやろう」

と、鰈《かれい》を甘辛い汁たっぷりに煮て、これを〔煮こごり〕にしてくれた。

これはもう、大変にうまいもので、いまでも、私はこしらえさせて食べる。

鰈の煮つけといえば、食べた後の皮や汁や骨をすべて茶わんに入れ、それへ熱湯をそそぎこみ、

「このソップは栄養があるんだから……」

などと曾祖母にのまされたおかげで、いまも私は、鰈の煮つけを食べれば、かならず、これをやる。

子どものころの習慣は恐ろしいものだ。

なんといっても、私は、この曾祖母に、もっとも可愛《かわい》がられた。

曾祖母お浜は、若いころに、摂州《せっしゅう》尼ヶ崎四万石・松平遠江守《とおとうみのかみ》の奥女中をつとめ、殿さまの〔お袴《はかま》たたみ〕をしていたそうな。

あの上野の戦争があったとき、本郷の屋敷へ、官軍と幕軍の兵士が入って来て斬《き》り合ったのを見たとかで、私をつれて映画館へ行き、大河内《おおこうち》伝次郎や阪東妻三郎《ばんどうつまさぶろう》のチャンバラを見るたびに、

「あんなものじゃあない、あんなものじゃあない」

と、いっていた。曾祖母は、私が十一歳のときに、八十七歳で病歿《びょうぼつ》した。

曾祖母が死の床にあった夏の約二カ月間。私は小学校から帰って来ると、あそびに出かける前に、かならず、台所で曾祖母が大好物の素麵《そうめん》をゆで、ザルへ打揚げて冷水に冷やし、附醬油《つけじょうゆ》をこしらえ、二階三畳の病室へ運んで行ったものだ。

曾祖母は、死に至るまで、一日のうちのこのときを、もっとものしみに待っていてくれ、私のこしらえた素麵でなくては、決して口に入れなかった。

死ぬ直前、曾祖母が私の手をつかんでいった。

「長らく、そうめんを、ありがとうよ」

食日記

×月×日

十三年ぶりで新国劇へ書下ろした新作の初日を開けてから、早くも半月がすぎてしまった。むかし、芝居の仕事をしていたころは連日、劇場へ入りびたっていたものだが、このごろは小説の締切りもあるので、なかなか行けない。

一週間ぶりに出かけ、舞台わきを頭取部屋までもどって来ると、

「失礼ですが、池波さんでは……？」

と、声をかけられた。

もとより見知らぬ人である。

この人は、大阪で経営コンサルタントをしておられる高上馬茂《こうじょうま》氏で、

「四十年来、新国劇のファンです。欠かさずに見物しております」

と、いわれた。

俳優たちや劇団内の人びととの接触もなく、凝《じっ》と蔭《かげ》から声援を送りつづけて来てくれた貴重なファンの一人であった。

したがって私と新国劇との関係にも、よく通じておられ、久しぶりの私の新作を島田正吾が演じるというので、日帰りの新幹線で、わざわざ東京まで観《み》に来て下すったわけだ。

「ありがとうございます。これからも劇団をごひいきに」

と、私はあいさつをした。

お茶でも……と、おもったが、すぐに大阪へ帰るといわれるので、楽屋口で別れた。

夕景、知人のM君D君と共に劇場を出る。

今年は暖冬で、今日も日中は汗ばむほどであったが、夕風は、やはり冷たい。

「久しぶりで、〔伊《い》せ喜《き》〕へ行こうか……」

と、きまって、深川・高橋の〔どぜう屋〕へ出かける。

名物のどじょう鍋《なべ》、むかしと少しも変らぬ。近所の老女二人が一人前ずつ食べ、鯉《こい》のあらいでビールを一本のんで帰って行った。

M君が、ついでに「なまず鍋が食べたい」といい出したので、追加する。なまずは始めてのM君、赤い切身の生《なま》なましさに、一瞬ぎょっとしたが、食べはじめると、

「これは、たまらない」

と、二人前、一人でやっつけたのにはおどろいた。

私どもが、こうして食べ、のんでいる最中《さなか》に、文藝《ぶんげい》春秋社長、池島信平氏が、上野

のレストランで夕食をしていて、突如、急逝《きゅうせい》されたのだけれども、それを知ったのは翌朝であった。

夜ふけて帰ると、たのんでおいた合鴨《あいがも》がとどいたというので、これを薄く削《そ》ぎ身にし、雉子《きじ》焼きにして、丼《どんぶり》の熱い飯へたれと共にのせて食べる。

それから仕事。明け方四時に終り、千枚漬で、ウイスキーのオンザロック二杯。ぐっすりとねむる。

×月×日

昼近く目ざめ、池島信平氏の訃報《ふほう》におどろく。

池島氏と最後に会ったのは、一カ月ほど前のことで、銀座の酒場〔葡萄屋〕から二人いっしょに出て来て、「やあ、やあ」といい合い、池島氏が御自分の車へ、「乗って行きませんか」といって下すったが、

「いえ、そこからタクシーをひろいます」と、歩きかけたとき、

「あんたは、うらやましいなあ……」

しみじみと、池島氏がいうのだ。

何がうらやましいのか、それは、よくわからなかった。おそらく、私が健康で、煙草《たばこ》も酒も食べものも好き自由にやっていることについて、そういわれたにちがいな

い。しばらく行って、何気なく振向くと、池島氏がまだ車の傍《そば》に立っているではないか……。

私が手を振ると、池島氏も手を振った。

私はなんとなく若やいだ気もちになり、(池島さん、すっかり元気になったな……)

と、おもいながら帰宅したのであったが……。

半ぺんの味噌汁《みそしる》、塩鮭《しおざけ》、千枚漬の第一食をとってから、日課の散歩へ出かける。

約一時間を近所の商店街をえらんで歩く。歩きながら、今日一日の仕事のだんどりを決めて行くのが習慣になっているのだけれども、今日は、ぼんやりと歩いているだけだ。

(池島さんが、もう、この世にいない……)

ことを、しきりにおもっている。

(おれが、そうなる日も、あっという間に来る……)

ことを、考えながら歩いている。

遠いところの商店街で、生《なま》の中華そばを買う。この店のは手製でコシが強く、防腐剤が入っていない。となりの肉屋で〔シューマイ〕を買う。この店の〔シューマイ〕を母が好むからだ。

帰宅して、仕事。夕方までに、仕事をしながら、夕飯のメニューを考える。

合鴨がとどいているから、これをアワビの貝殻を鍋にして、すき焼きにし、これでウイスキーをのむことは昨夜から決っている。飯のおかずを考えるのに苦慮したが、結局、鱈《たら》と小松菜の吸物、大根と油揚げの煮もの、にする。

夕食後、一時間ほど仮眠。

目ざめて読書。

読書しながら、テレビをちょいちょいと見る。

十一時入浴。夜食はチャーシューメン。

あとは例の如《ごと》し。

×月×日

私の小説〔剣客商売〕がテレビ化され、そのロケーションが、本郷の根津権現《ごんげん》でおこなわれ、その場所での用事ができたので、早く、起きて出かける。

主役の剣客父子《おやこ》を演ずる山形勲・加藤剛両氏と会う。加藤氏は今年になってはじめて会い、その人柄のよろしさにおどろきもし、うれしくもおもったが、山形氏とは二十年ぶりの再会であった。

二十年前のそのころ、山形氏は故佐々木隆氏が主宰する劇団〔文化座〕の俳優だったし、私はまだ、芝居の世界へ足を踏入れたばかりで、新国劇で上演する私の脚本を佐々木氏が演出していたのである。チーフ・プロデューサーの市川久夫氏が、「現場は、とても、いい雰囲気です」と、いってくれた。

車で、末広町の料亭〔花ぶさ〕へ行き、あずけておいた喪服に着替え、池島信平氏の社葬へおもむく。

夜、帰って、またしても合鴨。

今夜は、油で葱《ねぎ》と共に焼き、おろし醬油《じょうゆ》で食べる。

飯のおかずは、あんかけ豆腐に焼海苔《やきのり》。

◇

×月×日

昨日、料亭の〔花ぶさ〕で着替えをしたとき、私が仲人《なこうど》をした料理人の今村英雄君が板場用に履いている利休下駄《りきゅうげた》からおもいつき、朴歯《ほおば》の重い下駄をたのんでおいたら、今朝、とどけてくれた。今日の散歩は、この朴歯下駄を履いておこなう。

三十何年ぶりに履いたが、たしかに重く、爪先《つまさき》と脹《ふく》ら脛《はぎ》へひどくちからが入る。

(やはり、よかった)

と、おもった。おとろえかけた脚が、いくらかは丈夫になるであろう。

そのかわり、いつもは一時間で終る散歩が一時間半かかる。仕事のだんどりを決めてから、A地区の商店街の肉屋で、牛のヒレ肉を買って帰る。

第一食は、合鴨の親子丼《どん》であった。

帰途、私の家の近くの商店街の魚屋へ寄り、貝柱のいいのを取っておいてくれるようにたのむ。

小雨がふったりやんだりの、まるで春のごとき暖日。来客の間をぬって、懸命に仕事をつづける。

夕飯は、アワビの貝殻で、貝柱と白菜とネギと豆腐の小鍋立てにし、日本酒二合をのむ。

ついで、散歩のときに買って来た牛肉をつけ焼にし、たれといっしょに熱い丼飯へのせ、バター小片を置き、ちょっと蒸らしてから食べる。ビフテキ丼なり。

夜食は、海苔を巻いたむすび一個に沢庵《たくあん》。

×月×日

今日は知友七名と共に、四谷（新宿区本塩町）の〔丸梅《まるうめ》〕へ久しぶりで行くことになっているので、腹の調子を、よくよくととのえておかねばならぬ。

第一食（十一時）には、中華ふうのスープへ葱と卵を入れたものと、蜂蜜《はちみつ》をかけたトースト二枚だけにしておく。

〔丸梅〕の料理は一皿残らず、食べてしまいたいからだ。

散歩。朴歯の下駄が昨日より軽くなり、足になれてきはじめた。私鉄の踏切で、カラカラと音をさせて走りわたったら、すれちがったお婆《ばあ》さんがびっくり仰天して歯のない口をぽかんと開け、いつまでもいつまでも私を見送っている。いまどき五十男が朴歯の下駄で駆けていると、そんなにめずらしいものなのか？

夕景、いよいよ腹が空いて来たので、出かける。四谷の静かな住宅街の一角にある小さな門を開けると、石畳の路地に置行燈《おきあんどん》の灯《あか》りがともっている。そこを入って茶室めいた客室の前へ立つとき、出迎えの女中さんが二人、すでに待ちうけていて、小庭に面した障子がしずかに開く。すべては、このような気ばたらきで料理がつくられ、客に出される。

客室は一つ。したがって客も一日に一組。

おかみさんの井上梅さんは九十になり、いまは奥で静養中で庖丁《ほうちょう》は取らないが、すべて、〔丸梅〕の味は娘さんにうけつがれている。〔丸梅〕の女将《おかみ》は屋台のおでん屋からはじめた人である。

料理は懐石ふうにして出す、とはいいながら、なんともいえぬ独創的なものだ。それはもう食べて見なくては、わからない。

はじめに、白グジ（甘鯛《あまだい》）の造りが出る。〔丸梅〕の名物で、白ブドウ酒と塩で味をととのえ、軽く天日でほしてある。次に、鯛の潮汁《うしおじる》。この辺までは、はじめての人も別におどろかぬだろうが、その次に、大鉢へ和《あ》え物がたっぷりと盛られてくる。

アサツキ、菜の花、ギンナン、赤貝のわた、糸瓜《へちま》、菊、薔薇《ばら》などをたんねんに切りととのえ、味噌と胡麻《ごま》で和えたものだが、その味の複雑微妙、しかもコクのある味つけには、だれしも、

「うまい」

と、いわざるを得ないのだ。

次に、鱓《ごまめ》をひとつひとつ開いて頭とワタをのぞき、火鉢の火で炒《い》りつけ、飴《あめ》でかためたものが出る。田作りである。これに長崎産のカラスミを白ブドウ酒に浸したものがつづく。

このようにして食べてゆくと、そのだんどりの巧妙さと、食べすすむ客の舌へあたえる刺激と変化によって、知らず知らず、さらに食欲《しょくよく》が、かきたてられてくるようなおもいさえする。それは一種、ダイナミックな律動感をわれわれにあたえてくれるほどだ。

冷えたナマコとコノワタを和え、柚子《ゆず》の香をきかせた一品のつぎに、蕪蒸《かぶらむ》しが出る。

そのつぎに、ウドとキュウリの霰切《あられぎ》りに旬《しゅん》の青柳《あおやぎ》の酢ノ物。いずれも大鉢で出て、それを小皿や小鉢へ取りわけるのだが、そうした器《うつわ》を早春の気配によってととのえ、

料理との色彩の落ちついていてあざやかなことは、だれの目をもたのしませる。

この酢ノ物で、舌がさっぱりと洗われたところへ、いよいよ私の大好物の鶉《うずら》のつけ焼が出る。

見事に小骨をぬきとった、やわらかい鶉を、私は箸《はし》で裂き、おいしいたれと共に熱い御飯へかけて食べる。おもわず、ここで御飯をお代りしてしまうのは私だけではない。同席の七名、いずれもそうなる。

汁は、シジミの出汁《だし》へ少し味噌が入り、実《み》は若竹。フキノトウが青く浮いていて、この汁のさっぱりした味が、鶉飯と実に似合う。漬物は新沢庵に千枚漬。

デザートは、〔丸梅〕の名物、マロン・シャンテリー。栗とブドウを和え、ホイップクリームをかけたものへイチゴの果実ソースをかけまわして食べるのだが、このときにレモンティーが出るのである。

ここに〔丸梅〕が、もっとも大切にしている家庭のもてなしの雰囲気が、はっきりと打出されている。最後に日本茶。すっかり、たんのうして、知友諸氏と共に銀座の酒場へ一軒寄り、帰宅したが、さすがに夜食はやめる。

酒は二合ほどにしたので、ちょうどよく、猛然と仕事をする。

ねむりについたのは、明け方の五時。

×月×日
十一時起床。

第一食は中華スープにカニの炒飯《チャーハン》。

散歩。朴歯の下駄、いよいよ軽し。

仕事のだんどりが、早くついたので、帰り途《みち》は第二食に、

(何を食べようか……?)

と、おもいなやみつつ帰宅。

そこへ、三浦三崎の〔山久〕から、マグロの粕漬《かすづけ》がとどいたので、これで御飯を食べることは決ったけれども、酒の肴《さかな》がまだ決らぬ。

なまず鍋のM君より電話あって、「昨夜はワイフがアンコウ鍋を食わせてくれました」と、いった。

◇

×月×日
今年の冬は暖かかった。書斎の暖房は、ほとんど小さな電気ストーブ一個ですませた。
これほど暖かい冬なのに、デパートなどの中へ入ると、暖房が凄《すさ》まじいまでにきい

ているデパートの買物客はコートを着てマフラーを巻いて入って来るのだから汗みずくになってしまう。そのかわり、デパートの女店員は腕をむき出しにし、夏のような薄着で快適そうだ。デパートの暖房は店員のためにしているようなものである。世の中が、すべて、さかさまになってきた。近いうちに、われわれ人間は大自然の鉄槌《てっつい》を受けると覚悟しなくてはなるまい。

今日の第一食は、トースト一枚に中華風の卵スープだけにしておく。夕飯を、画家のK氏、編集者のS氏と、六本木の〔ビストロ・ムスタッシュ〕で、たらふく食べることになっているからだ。

K氏は、この店を、四谷の〔丸梅〕に「そっくりだ」と、いう。それというのも、主人の細君が庖丁をにぎり、若者三名ほどを指導してつくる料理の、神経のゆきとどいたおいしさを、〔丸梅〕のおかみさんになぞらえてのことらしい。

主人は、店名そのものの口ひげを生《は》やし、ほとんど一人で客の接待にあたる。この夫婦は長らくフランスに住んでいて、向うの料理を探求した結果、ついに料理への情熱やみがたく、帰国して店をひらいたのだそうな。

テーブル五つほどの小ぢんまりとした店内。ビストロといえば居酒屋ということになるが、フランス語のふくみでは、もっといろいろに解してよいらしい。日本でいうなら〔うまいもの屋〕だ。

画家は、この店へ来ると、フランス遊学中の生活が、しきりにおもい出されてくるらしく、ワインの選び方にも念が入り、いつもはどんよりと曇った両眼がきらめきはじめ、主人を相手に、ごく自然な口調で、

「ボン……」

だとか、

「メルシィ」

だとか、やっている。

まず、食前酒をのむ。ブルゴーニュの白ブドウ酒の中へカッシスという果物のリキュールを混ぜて冷やしたもので、キールとよんでいるやつだ。甘くて口当りがよい。

メニューの中から、生牡蠣《なまがき》と、クレソンのスープと、チーズのスフレと、車海老《くるまえび》のチーズ・ソース。それに胡椒《こしょう》のステーキ、ベルギー産のアンディーブ（きくぢしゃ）のサラダをえらぶ。

うまい。クレソンのスープの香り。チーズのスフレの香り。このように香りのゆたかなフランス料理を久しぶりに食べた。

このようなフランス料理を食べさせる店は、戦前には全くなかったといってよい。ところが近年、料理に熱心な人びとがフランスで勉強をして来て、帰国後、小さな〔うまいもの屋〕をはじめ出した。

たとえば、西麻布の〔シェ・フィガロ〕なども、若い兄弟がはじめた店で、ここでは、店を開ける前に、給仕たちへ、その日のメニューを食べさせ、客の接待にそなえ、しかも、料理はうまい。

〔フィガロ〕のムール貝のグラタンや自家製のパテ。兎《うさぎ》の煮込みや、フランボアーズ（木苺《きいちご》）のシャーベットなどを食べて見ても、大きくて著名なレストランやグリルの、きまりきったメニューや、気のぬけた料理にくらべると、調理人の気魄《きはく》が、もうちがっている。

それは渋谷の〔シェ・ジャニー〕をやっている若い主人にしてもそうだ。

「素人《しろうと》あがりが……」

などと、いわゆるプロフェッショナルを気取るマンモス・レストランがこうした小《こ》体《てい》な店を侮《あなど》っているうちに、客はどしどし、はなれて行ってしまうだろう。

うまいものは、うまいのである。

これは、日本料理を食べさせる店にしても同じことだ。いつもいつも、きまりきったメニュー。そのくせ、店がまえや、人件費が嵩《かさ》むので勘定は高くなるばかり、というのでは、どうにもならぬ。

最後に、ブリーのチーズが出たが、もう一口しか食べられなかった。

食後の酒は、フランボアーズのブランデーに、主人・ムスタッシュ《ムッシュウ》がポアール（洋《よう》梨《なし》）のブランデーを出してくれた。

帰宅。どたりとベッドへころげこみ、午前一時までねむる。さすがに、夜食は口へ入らぬが、頭がすっきりしてきたので、週刊誌の小説を十五枚書き、ねむる。

×月×日

新橋演舞場の新国劇の千秋楽。

第一食は、生鮭《なまざけ》の照焼、大根の味噌汁《みそしる》、炒《い》り卵で飯二杯。

昼夜の間に、舞台で千秋楽の手打ちがおこなわれる。

手打ちに出るのも十何年ぶりのことだ。

今度、私が久しぶりに、島田正吾のために書きおろした新作は、さいわいに評判がよかった。私のためではなく、再生の第一歩をふみ出したばかりの新国劇のために、まず、よろこぶべきことであった。

その新作〔雨の首ふり坂〕で、島田正吾がしめている角帯がほしかったので、衣裳《いしょう》部から買うつもりでいたところ、手打ちの席上で、島田氏が大詰を終えたばかりの腰からほどき、私に贈呈してくれた。

こんなことは、はじめてである。黒の中に緑がまじった、よい色の角帯で、しかも幅がせまい。それだからほしかった。

ちかごろは、女の和服の小物はいくらでもあるが、男物のそれは、まったくひどいものだ。角帯の幅にしても、一色《ひといろ》になってしまったし、羽織のひもも同然。下駄《げた》も然《しか》り。いちいち、あつらえなくてはいけないことになってきた。

×月×日

三月に入った。

第一食は、スープにオムライス。

午後、二十世紀フォックスの試写。アメリカ映画が久しぶりの大作へ根性を見せた〔ポセイドン・アドベンチャー〕である。八一、〇〇〇トンの豪華船・ポセイドン号が航行中に、海底地震の大津波をうけて、さかさまに転覆し、そこから脱出する船客数名を描いたもの。これは、きっと当る。実に、おもしろくできていた。シェリー・ウインタースが老《ふ》けて肥《ふと》ったのにびっくりする。この女優が、ジェイムス・スチュワートと共演した〔ウインチェスター銃・73〕のときの色っぽさ、みずみずしさは忘れがたい。

それはもう二十三年も前のことになる。

菓子

私が子供のころの昭和初期には、いまのように菓子の種類も多くなかったし、洋菓子といえば、ドーナツとシュークリームとカステラの三つしか知らなかった。

東京の下町の子供たちにとっては、シュークリームなぞというものは、それこそ、「泪《なみだ》がこぼれるほどに……」

高貴で、ぜいたくな菓子であったといえよう。

まず、われわれが毎日よく食べたのは、駄菓子屋の菓子である。

鉄砲玉、かりん糖、豆ねじ、ハッカ糖、ゲンコツ飴《あめ》、イモ羊かん、むし羊かん。

それに、あんこ玉なぞというのは、いわゆる「アテモノ」なぞという籤引《くじびき》があって、一等に当ると、一銭で、それこそ大人の拳《こぶし》ほどのあんこ玉が当る。

私は、この特大あんこ玉が当ると、家へ持帰り、母の眼をかすめて生玉子の黄身を一つ、うどん粉の中へ割入れ、水でかきまわしたやつを、フライパンにゴマ油をたっぷりとながしたのへながしこみ、これが、ふわふわと焼けてきたところへ、あんこ玉の三分の一ほどを細長く置き、くるくると巻いて皿へとり、熱いうちに黒蜜《くろみつ》をかけて食べたものだ。

それに、西郷玉といって、サツマイモを四角のあられに切ったのを固めて油で揚げたのへ、砂糖をかけたものだとか、金華糖に、あやめだんご。砂糖ビスケットに、きびだんご。

塩豆に砂糖豆に杏《あんず》だんご……と、このように書いていたら切りがない。

煎餅《せんべい》は堅焼に、ふわふわ煎餅といって小さな団扇《うちわ》ほどもある薄焼のと、ソースを塗ったソース煎餅なぞというのもあった。

それに〔一本むき〕というやつ。

これも籤引であって、ボール紙に、おみくじのように巻いた籤が貼《は》りつけられてい、一銭でこれを引きむくと、外れは五厘、大当りは十銭というのだからたまらない。

ずいぶんと、一本むきには入れあげたものだ。

そのころ、叔父が買って来た〔虎屋《とらや》〕の〔夜の梅〕という羊羹《ようかん》を、はじめて食べて、そのうまさに、私は眼をむいたことがある。

(これが羊かんなら、いままで、おれが食べていた羊かんは、うどん粉のかたまりみたいなものだ)

と、おもった。

そのころから現在に至るまで、私がもっとも好きな菓子といえば、やはり、〔長命寺山本屋〕の桜餅《さくらもち》であろう。

いまから二百何十年も前に、大川〔隅田川〕の向島堤の桜が江戸名物となり、それにちなんで売出されたこの菓子は、うすくて白い、冷《ひ》んやりとした皮に、さっぱりした味の餡《あん》を包み、この上へ桜の葉をあしらった簡素なものだが、私どもにいわせれば、その味、その姿、その風趣、いずれも、

（まさに、江戸の菓子だ）

と、これを見るたび、食べるたびに感じるのだ。いまも、長命寺の桜餅が、むかしのままの姿と味を保ちつづけていることは、浅草育ちの母や私にとって、こころ強く、たのもしくさえおもわれるのである。同様に、近くの言問《こととい》だんごも、これまた、まぎれもない江戸の菓子だ。

それから、下谷・黒門町の〔うさぎや〕のどら焼。これは、私が戦前つとめていた株式仲買店〔杉一〕の主人《たいしょう》・杉山卯三郎氏の大好物で、私の家が近いものだから、小僧時代から私を呼びつけ、

「正どん、明日、〔うさぎや〕をたのむよ」

と、金をわたされる。

そのときは、出勤前に〔うさぎや〕へ寄り、どら焼を買って来るので、遅刻をみとめられた。

だが、小僧から一人前になっても、〔うさぎや〕の使いは私ときまっていたもので、戦争がはじまると、行列をつくって順番を待たなくてはならず、

（いい若い者が、こんなことをさせられてはやりきれねえ）

と、おもったものだ。それでも辛抱をして買って行き、店の隅にある〔大将〕の机へ持って行くと、中から二個ほどつまみ出し、

「おあがり」

と、私にくれる。

株屋の〔大将〕にしては、まことに物堅い人であった。

◇

いまの私は、ほとんど間食をしなくなったから、菓子をつまむ機会が少なくなった。

しかし、仕事に疲れたとき、やはり甘いものが、「ちょいと、ほしくなる……」のである。

こういうときには、名古屋の〔両口屋〕で出している〔二人静《ににんしずか》〕という、上質の砂糖を紅白に、小さく丸く型どり、二つを合わせてうすい紙にくるんだ干菓子をつまみ、濃い茶をのむ。

品のよい、いかにも清楚《せいそ》な菓子だ。

この点、富山の小矢部《おやべ》市の〔五郎丸屋〕の〔薄氷《うすごおり》〕もよい。

三十代のころは、芝居の仕事をしていて、大阪で稽古《けいこ》をつづけているときなど、稽古帰りにしたたか酒をのんだあと、法善寺の〔夫婦《めおと》ぜんざい〕などを軽く食べたりしたものだが……。

酒後の甘味は、躰《からだ》に毒だそうだが、また捨てがたいものがあるようだ。

京都や金沢、松江など、古い町では当然、茶の稽古がさかんであり、したがって、菓子もおいしい。

京の有名な菓子舗のことはさておき、私が京へ出かけて、よく食べるのは、北野天神・境内の〔長五郎餅〕だ。

これも〔天神さま〕へ詣《まい》った帰りに、境内の茶店で食べるところがよい。

それに、今宮神社・門前の〔あぶり餅〕も大好物である。

このあたりの風景は江戸時代そのものであって、あぶり餅を売る〔一和〕や〔かざりや〕の店がまえも同様に古風をまもりぬき、竹の串《くし》であぶられた小さな餅を、甘いたれにつけて食べる情趣は、たまらなくよろしい。

ここまで書いたとき、いまは大阪に住んでいる弟が上京して来て、河内の〔桃林堂〕の〔五智果《ごちか》〕と、リキュール入りの十種類のゼリー菓子〔桃のしずく〕を、みやげにわが家へあらわれた。

〔五智果〕は、野菜と果物の砂糖漬で、野趣と洗練が渾然《こんぜん》と溶け合ったユニークな菓子であり、〔桃のしずく〕は、それこそ冷蔵庫で冷やし、酒後の舌をたのしませてくれる逸品といえよう。

続食日記

×月×日
早春の好日。

午後から、丸の内のK会館で、新国劇の島田正吾氏のひとり娘・右子《ゆうこ》さんの結婚式があって出席をする。

これで島田氏は、先に夫人を亡《な》くし、ついでひとり娘とも別れて、文字通り独り暮しとなったわけだ。結婚式は先月、京都の八坂神社ですませたことゆえ、今日は披露宴のみ。

私の亡師・長谷川伸と新国劇との関係はふかく、右子さんの命名も長谷川師である。

長谷川師は、よほどに右子さんが可愛《かわい》かったらしく、七保夫人への遺言状にも、

「……島田右子の結婚のとき、衣裳《いしょう》新調を長谷川伸に代って行いくるるべきなり」

と、あるほどだ。

むかし、芝居の仕事をしていたころの、なつかしい人びとに十何年ぶりで会う。

夜帰って、夜食にカレー南ばんを食べる。

×月×日

朴歯《ほおば》の下駄が、いよいよ軽くなってきた。むしろ、靴よりも軽い。

第一食は、中華風の卵スープにオムライス。

散歩を終えてから外出。

〔ジョニーは戦場へ行った〕の試写を見る。

アメリカのベテラン脚本家ドルトン・トランボが、第一次世界大戦を背景に、両手両足も、顔の大部分も砲弾にえぐりとられた傷兵……というよりは一個の肉塊となって生きつづける青年を主人公にして数十年前に書いた小説をみずから監督したものだ。そのテーマは、まことにすばらしい。そして、人間の肉体と精神の関係を描きつづけるトランボの真骨頂がしめされた作品であるが、惜しむらくはトランボの演出が、いささか散漫であった。

帰宅して、夕飯は、蛤《はまぐり》を入れた湯豆腐。

湯豆腐には大根をうすく切ったものを入れると、豆腐が白くふっくらと、おいしく煮える。まことに食物の取合せはふしぎなものなり。

冷酒を茶わんで三杯。

蛤のフライとソーセージに切れ目を入れて網で焼いたのを辛子《からし》醬油《じょうゆ》で食べる。

夜は小説新潮の連載〔剣客商売〕を二十枚すすめる。

寝しなに、京都・五条の〔野村屋〕の千枚漬で、水割りウイスキー二杯。ぐっすりとねむる。

×月×日

朴歯の散歩、いよいよ快適なり。

A地区のマーケット内の鶏肉屋へ立寄り、細切れ三百グラムを買う。百五十円なり。この店の鶏は、まことに上等であって細切れも上等の肉や皮の切落しなのだから、実に、

「捨てたものではない」

のである。

母のために、近くの肉屋でシューマイを買う。さらに生中華そばを買う。

夕飯は、先《ま》ず、鶏肉の細切れで水炊《た》きをやる。

葱《ねぎ》と豆腐、人参《にんじん》の細切れを入れる。

まことに、うまい。

ウイスキーのオンザロックスを三杯。

それから飯にする。

水炊きの鍋《なべ》には、濃厚なスープがたっぷりと残ってい、これを胡椒《こしょう》と塩で味をととのえ、熱い飯にかけて食べる。

うまいこと、おびただしい。

二杯、飯を食べる。

夜十時から翌朝四時まで仕事。

×月×日

第一食は、昨日の鶏肉の細切れを少し残しておいたのを、たまねぎと炒《いた》めて食べる。

味噌汁《みそしる》は大根なり。

午後は、夜の仕事の下調べに書庫へ入る。

来客の相手をしながら書庫の調べをすすめる。

夕飯は、小さめなポテトフライと生キャベツで、ウイスキーのオンザロックス三杯。

ひじきと油揚げの煮物とトリ貝も出る。

飯は、しじみの味噌汁と漬物で食べる。

テレビの深夜劇場で、ジョン・フォードの旧作〔荒鷲《あらわし》の翼〕をやった。
十五、六年も前に見た映画で、ジョン・ウェインもモーリン・オハラも、ワード・ボンドも若い。

この映画は、アメリカ海軍航空隊でそれと知られたフランク・ウィード少佐の伝記をテーマにしたものだが、フォード作品としては、あまり上等ではない。

しかし、フォード監督の楽屋落ち的なシーンがたのしめる。

すなわち、重傷を負って現役を退いたウィード少佐が映画監督に招かれ、ハリウッドへおもむき、海軍航空隊の生活を描いた新作の脚本を書くことになる。

その映画監督がフォード自身をモデル化したもので、ワード・ボンドがフォード得意のサングラスをかけて演ずる。

そのオフィスへ、ウェイン演ずるウィード少佐が訪ねて来ると、監督がステッキに仕込んだウイスキーをすすめるシーンがある。これもフォード自身の〔生活〕なのであろう。

そのオフィスの壁に、ジョン・ウェイン扮《ふん》する〔駅馬車〕の主人公リンゴ・キッドのスチールが飾られている前を、ウェインのウィード少佐が通りすぎるショットがおもしろい。

そして、ウィードの脚本が、いよいよ映画化され、その試写室のシーンとなる。

画面に映るのは、故クラーク・ゲイブルと故ウォーレス・ビアリイであって、なんともいえずに、私自身の青春がおもい出されてしまった。

それを見終って、〔鬼平犯科帳〕の書出しのみ七枚書く。

これから先、どのように原稿が進んで行くことか……。

明日の仕事をおもいわずらうことなく、今夜もぐっすりとねむる。

◇

×月×日
白作〔剣客商売〕の、四月から放映されるテレビ映画の試写を見に行く。
一、二篇と見たが、その出来ばえのよさに、よろこぶ。久しぶりで、吉村公三郎《よしむらこうざぶろう》監督に会う。
吉村監督は病癒《い》えて〔雨の鈴鹿川〕の一篇を演出してくれることになった。たのしみである。

今日は、第一食を食べなかった。

夜は、レストランで、コンソメ・スープに鶉《うずら》の挽肉《ひきにく》詰めのソテーを食べる。

帰宅し、すぐさま仕事。

夜食はチャーシュウメン。

寝しなに、岩波書店から復刊された故伊原《いはら》青々園（敏郎）編〔歌舞伎《かぶき》年表〕第三巻を読む。興趣つきず、ついに朝となってしまった。

×月×日

いよいよ春だ。

第一食は、合鴨《あいがも》の焼鳥丼《どんぶり》であったが、うまいので全部食べてしまい、

（しまった……）

と、おもう。

今夜は、知人たちと六本木の〔シャドネー〕へ行くことになっているからだ。そこで、さっそく強力消化剤をのんでおく。

散歩から帰って〔鬼平犯科帳〕を書きすすめるうち、G通信社の田中君が来て、五月からはじまる新聞連載の打合せをする。田中君は私ども夫婦が四年前に仲人《なこうど》をした。細君と共稼《ともかせ》ぎだが、この細君がまことに料理好きで、亭主の昼飯を絶対に外では食べさせない。弁当をもたせる。それがまた実にうまそうで、同僚たちはうらやましがっているそうな。

「今日の弁当は何だったたい？」

と、きくと、

「いなりずしに、焼豚に、キャベツのサラダに沢庵《たくあん》でした」

「いなりずしも、細君がつくるのか？」

「そうです」

と、いうことであった。

夕方から〔シャドネー〕へ出かける。

ここの料理長は銀座の〔マキシム〕にいた人で、いまは、この小ぢんまりとした料亭で、腕を揮《ふる》っている。

先ず、ドライ・マティーニのオンザロックス。

例の画家はドライ・シェリーをなめつつ、早くも眼が輝きはじめる。

この店は給仕長が親切なので、好きなことをいって相談して食べるものを決めるのである。

「牛肉で、何かうまいものは?」

「コート・ボウ、犢《こうし》の骨つき胸肉がよいとおもいますが……」

「それは、どんなの?」

「煮込みです。ソースは犢の骨のスープにフォア・グラも入っていますし、おいしいですよ」

これは、たしかにおいしかった。

四人で、いろいろなものをとって、すこしずつ分けて食べる。だから一人で、何種類もの料理を食べられるわけだ。

私は、野菜のポタージュに、鴨のテリーヌ。ムール貝。ウニのソースで和《あ》えた芝《しば》海老《えび》のサラダ。それに犢の煮込み、カタツムリ、アンディーブのサラダと、めったやたらに食べる。

デザートは、リンゴの薄切りを焼いて、甘ずっぱいソースをかけた暖かい一皿。私は、これが大好きである。

腹がハチ切れんばかりになって、帰宅。

二時間ほどねむって目ざめると、腹も頭もすっきりとしている。

テレビの深夜映画は〔タイタニック〕。

これはたしか、日本の劇場では上映されなかったもので、私も、はじめて見物した。豪華客船〔タイタニック号〕が氷山にぶつかって沈没した実話にもとづくものだが、何しろ二十年も前の映画だから、現在のすばらしい撮影技術にくらべると大分に迫力を欠く。

しかし、ジーン・ネグレスコ監督が甘味をたたえた丹念な演出をしているし、故クリフトン・ウエッブの英国紳士と、アメリカ女の細君との描出がおもしろく、リチャード・コンテやロバート・ワグナーが小さな傍役《わきやく》で出ているのもおもしろい。

これが終ってから、小説現代の〔必殺仕掛人〕を五枚書いてベッドへもぐりこむ。

×月×日

第一食は豆腐の味噌汁に納豆。卵の黄身だけ入れる。つけものは千枚漬に沢庵なり。

散歩に出かける。

例のごとく買物をする。

三ツ葉のよいのがあったから、それと、生ラーメン。シューマイ。車エビなど。

帰ると、家人の洋服をつくる女性の洋裁師・水内さんが来ている。

私が自分でデザインをしたジャンパーの仮縫いなり。男物でも結構うまく仕立ててくれる。なかなかおもしろいのができた。

できあがるのが、ちょっとたのしみなり。

それから書庫へあがり、夜の仕事のための下調べをする。

シャム猫のフロがあがって来て、しきりに邪魔をする。本をひらけば、そのページの上へ乗る。それならというので別の地図をひろげると、わざわざやって来て地図の上へ寝そべる。

たまりかねて、

「ばか!!」

一喝すると、のそのそと逃げて行ってしまった。

夕飯は酒二本で、豆腐とタラとホウレンソウの小鍋立て。

飯は、ブリの塩焼で食べる。

夕飯後、台所で食事している母と家人のところへ行き、ちょっと雑談する。

死ぬはなしが出て、私が母に、

「あんたの通夜《つや》は、どうしたらいいかね？」

母が、

「来た人に、おすしを御馳走《ごちそう》しておくれ。駅前のK鮨《ずし》のがいいよ」

と、いう。

こんなはなしは我家では日常茶飯のことであって、母も、

「おとうさん（私のこと）が先に死んだら、私はこうする」とか「ああする」とかいったりしている。

今夜は、夕飯後の仮眠をとらず、夜の町を歩いて酔いをさましてから仕事をつづける。

夜半、疲れて、先代・延寿太夫の〔角田川《すみだがわ》〕をきく。きき終えて泪《なみだ》が出てくる。どうも、私も年だ。

◇

×月×日

「小説現代」の大村、駒井両氏にさそわれて、銀座一丁目の〔金兵衛〕へ、はじめて

行く。

うまいということはきいていたが、その味よりもまず、小体《こてい》な、そしてもてなしのさっぱりとした感じのよさに、三人とも、すっかりよいこころもちとなる。

この店の先代は新橋に店をもち、永井荷風が日毎《ひごと》に通った店らしい。

ふつうのものを食べたのだが、いかにも念が入っていて、それを、いささかも、もったいぶらずに出す。

マッチには〔関西料理〕と、しるしてあったが、

「なつかしい気がするね」

と、私が両氏にいったのは、料理全体の気分が、戦前の浅草の〔一直〕や〔草津〕の料理を想《おも》わせたからであった。

沢煮椀《さわにわん》が、ことによかった。

豚の脂身《あぶらみ》を晒《さら》して、これに牛蒡《ごぼう》その他の野菜をあしらい、吸口を胡椒《こしょう》にするという、この吸物の沿革は知らぬが、おそらく近世に工夫されたものであろう。その取合せの妙は、何ともいえない。私は、この吸物が大好きなのだが、〔金兵衛〕のは牛蒡を少し太めに刻んである。それが、しゃっきりとした歯ごたえで、ことによかった。

帰宅九時半。

書きすすめている仕掛人・藤枝梅安シリーズが五十六枚まですすんでいたから、他

の仕事を軽くやって、早めにベッドへ入り、

(明日は、梅安も終るな)

と、考えはじめたら、ねむれなくなってきた。これまで書いた五十六枚の中に、三カ所ほどの嘘《うそ》が振返っておもい出されたからだ。それは作者だけの気がかりかも知れぬ。たとえば、登場する武士を江戸藩邸勤務にするか、または国もとで奉公をしていることにするか……二つのうちの一つをえらんで書くわけだが、そのえらび方ひとつで、どうしても書いているものにとって、のみこめなくなって来ることがある。人物の住居を浅草から目黒に変えることだけでも、大変にちがってくるのだ。

(このはなしは、嘘だ)

と、作者がおもったら、絶対に先へはすすまぬ。

疲れてはいたが、夜半にベッドから起き、これまでの五十六枚の全部を書きあらためる。

翌朝、九時に終る。

トウフの味噌汁《みそしる》に焼海苔《やきのり》、カマスの干物《ひもの》で飯一ぜん。それからベッドへ入り、正午に起きて、仕事をつづけ、夜十時までに七十五枚を完了する。

×月×日

第一食は、ベーコン・エッグにトースト一枚。リキュール入りコーヒー二杯。軽くしておいて、午後四時に、エビのマカロニ・グラタンを食べ、夕景より、K社におもむき、ある会合をすませる。

終って、同席の人びとと鰻《うなぎ》を食べることになったが、私はやめて、にぎり鮨にしてもらう。明日は、知友三人と共に熱海の〔重箱〕へ行き、鰻を食べることになっているからだ。

×月×日

花曇りの午後。画家のK氏、M氏、ジャーナリストのS氏と東京駅に落合い、熱海へ向う。

熱海も、すっかり変ってしまった。

戦前の熱海は、いまの熱海城がある山の下の海辺で漁師が網を引いていたものだし、由利あけみが唄《うた》った〔熱海ブルース〕の叙情が素直にうなずける湯の町であった。東京からも近く、魚介がおいしく、山と海との景観がしっくりと溶け合い、当時は、非常に、モダンに感じられた〔熱海ホテル〕の芝生の上で寝そべりながら、ぼんやりと海をながめていることは、四季を通じて、若い私どもにとっても、なかなかによいものであった。

ことに、冬がよかった。熱海の冬の太陽はまるで外国の暖かい国へでも来ているような錯覚をさえ起さしめた。戦前の東京の冬は、きびしかった。

戦後。芝居の脚本を書いていたころ、よく湯河原のR荘で仕事をしていて、仕事が終ると熱海へ出て、帰京する前の一泊をたのしむことがよくあった。そういうときは来ノ宮あたりの宿を、そのたびごとにかえて泊るのが、たのしみであった。

熱海の西山の、しずかな木立の中にある鰻の〔重箱〕へ、はじめて行ったのも、そのころである。この店は、昭和のはじめまで東京の浅草・山谷にあり、鰻の蒲焼《かばやき》を重箱に入れて出すことにしたのは、この店の創意で、ついに、それが店名となった。

私の老母が、むすめのころ、飾り職の父親（私の祖父）につれられ、はじめて此処《ここ》の鰻を食べたときのことを、のちのちにも、

「あのときゃあ、完全に頰っぺたが落ちたね」

と、いったものだが、その〔重箱〕が熱海へ移って四十年。すでに亡《な》くなった五代目のあるじの未亡人が、いまも八十四歳で、矍鑠《かくしゃく》として立ちはたらいているのは、まさに「見もの」である。数年ぶりにおとずれたわれわれは、そのことにおどろきもし、老年にさしかかった一同、口ぐちに「こころ強くなったね」と、いい合った。

白焼《しらやき》を二人前たのみ、四人で食べてから蒲焼にとりかかったのだが、ついに二片を残してしまったら、おばあちゃんが、

「ソレ、やっぱり、白焼だけよけいだったんですよ」

と、美しい老顔に苦笑をうかべた。

そのよくはたらくこと、おどろくばかりで、それがまた少女のように可愛《かわい》らしい。

老年も、ここまでくると、大したものだ。

「そうですねえ、あぶらを入れたいとおもうときは、鰻丼《うなどん》をやりますよ。月に一度ぐらいね」

と、おばあちゃんはいった。

むかしから、鰻を焼くけむりと匂《にお》いに包まれて暮して来たので、

「食べなくても、栄養がしみこんでしまっているんだろうな」

と、K氏がいった。

山桜がほころびかけた道を来ノ宮明神の前へもどって来たとき、すでに夕闇《ゆうやみ》がたちこめ、灯の入った熱海の町へ下りると、そこはもう車輛《しゃりょう》の騒音と排気ガスが渦巻く温泉都市であった。

山も木も、数え切れぬ旅館の大建物？　に埋めつくされている。

帰京したのは八時。すぐに仕事。夜半に、やきそばを食べる。

◇

×月×日

わが家の近辺の道や家々の庭にある桜が、いまや満開となる。わが家は、せまい土地へ隙間《すきま》もなく家を建ててしまったから、ほとんど庭はないのだが、南面の隣家のあるじが、こよなく樹木を愛する人物ゆえ、いまは親類同様のつきあいとなっていることだし、その隣家の庭がわが家のもの同様となっている。両家をへだてるものは低い垣根のみだ。

早春から初夏にかけて、その庭に花が絶えぬ。柿《かき》の裸木に若い芽が燃えたち、若葉が新緑となってゆく経過が、書斎の窓いっぱいに見てとれる。

散歩の帰途、近くの商店街の文房具店で買物をする。二十《はたち》そこそこの若い女店員で応対ぶりはわるくないのだが、わずかな品物を包装するときの、まるで五歳の幼児にひとしい手さばきのたどたどしさ、間怠《まだる》さに呆《あき》れ返る。いまはこの女店員のみではない。デパートなどの女店員の多くがそうであって、その日その日の勤務が、おざなりで遊び半分なことがよくわかる。

それにしても、先日、熱海へ行ったとき駅前の干物屋で買物をしたが、そのときの若い女店員の包装ぶりの見ごとさ、あざやかな手さばきに、久しぶりで見とれた。応対の感じはまことに突慳貪《つっけんどん》な女であったが、このプロそのものの手さばきを見て、不快が消し飛んでしまった。

そのときのカマスの干物が、まだ残っている。第一食は、これと大根の味噌汁です。

終日、仕事。カラヤンの新盤〔四季〕を聴く。あるカラヤン狂が、すばらしいから、ぜひ買え、と、いうので買ったのだが、私の耳には、さすがのカラヤンも〔四季〕にかぎって冴《さ》えなかったようにおもう。

口直しに〔展覧会の絵〕を聴く。このカラヤンは、私にとってすばらしいの一語につきる。

夕飯は、貝柱と三ツ葉のかき揚げで冷酒茶わんに三杯。それと青柳をさっと焙《あぶ》り、ワサビ醤油《じょうゆ》で食べる。飯は味噌汁と竹の子・フキの炊合《たきあわ》せですます。

夜食は沢庵をきざんで飯にまぜ、これを握り飯にしたもの一個と昆布の吸物。

×月×日

朝から雨ふり。

明け方まで仕事をしたので、朝十一時に起床するのが、まことに辛《つら》かったが、どうにか起きる。昼すぎに、ビリー・ワイルダー監督の〔お熱い夜をあなたに〕の試写が

あるので、

（雨だし、やめようか……？）

と、一度はおもったが、猛然とはね起きた。

ガスホールの前で吉村公三郎監督に出会う。吉村氏もワイルダーを見に来たのである。

中へ入ると、中村登監督がいる。

吉村氏いわく。

「や。職人が来てるな。ワイルダーは大人の職人ですからね。だから、ぼくらには見逃せないんですよ」

ワイルダーは、もう七十に近い。

それなのに、このみずみずしい感覚はどうだろう。

画面の層が厚く、一つ一つのショットが、すべて映画の〔本道〕にのっている。いまどきの、大きな画面がやたらにゆれたり、クローズ・アップの濫用《らんよう》によって見物をやたらに混乱させる生理的な不快感がまったくないので、二時間半の長尺がいささかも疲れぬ。ユーモアとペイソスと、それよりも大きな主題が丹念に、流麗に積重ねられた一齣《こま》一齣から生れ、波紋のようなひろがりを見せて来るのだ。

今度の作品は、久しぶりで、ヨーロッパ生れの、この老監督の骨頂に接することができたおもいがする。このところワイルダーは、いわゆるボックス・オフィス物の傑作喜劇を撮りつづけていたわけで、今度のも、そうではないとはいい切れぬが、舞台をアマルフィ海岸沖の島へもって来たことで、おのずからワイルダーの真髄が発揮されたことになったのであろう。ジャック・レモンの主役は、アメリカの大実業家で、これが父の急死で、ゴルフ場からヨーロッパへ駆けつけるのがトップ・シーン。ここからもう、

「うめえなあ……」

と、吉村監督のつぶやきがきこえた。

レモンも大した役者になったものだ。

ジュリエット・ミルズのイギリス娘も非常によかった。妹のヘイリーよりも、ずっといい。

試写の前に、松坂屋七階の〔キャンティ〕で、犢《こうし》と野菜のブラウン・ソース炒《いた》めにマッシュ・ポテトで米飯を食べたのが、今日の第一食であった。

雨中を、いったん帰宅。夜に入ってから赤坂の〔清水〕へ行き、会食する。

夜ふけて帰宅。

わが家の前へ至る細い路《みち》に、今日の雨に落ちた桜の花片がいちめんにつもっていた。

×月×日

第一食は、カツ丼につけものと、濃くいれた茶。

それから散歩。

いつものように、母のためにシューマイを買おうとおもったが、やめる。このところ母も家人も、やたらに食べすぎて、すこし、ぐあいが悪いらしい。すると、ふしぎなもので、シャム猫のフロまでが食べすぎ、げんなりとしてしまっている。

来客の間をぬって、一枚、二枚と書きすすめて行く。

夕飯は、カツオの刺身で冷酒茶わん三杯。

タラのいいのが入ったので、これを糝薯《しんじょ》にし、揚げたのをレモン・ソースで食べ、残った糝薯と葱《ねぎ》の吸物で御飯をすます。

夜食は、手製のもりそば。

深夜劇場で、市川雷蔵の〔眠狂四郎〕を見る。むろん、前に映画館で見たものなり。

そのころの雷蔵は、すこやかであった。

亡くなる少し前に、〔ホテル・ニューオータニ〕の〔ローズ・ルーム〕で雷蔵氏と食事を共にしたことがある。

このときが最初で、そして最後の出会いであった。

雷蔵氏は病後の憔悴《しょうすい》しきった姿であったが、それでも元気に今後の抱負を語った。

二人で何かやろうと、いうことになったわけだが、間もなく再入院して亡くなった。その亡くなる前に、大映は雷蔵に、むりやりに一本撮らせた。ひどいものだ。〔狂四郎〕を見終ってから、また仕事をはじめる。気がつくと、空が白《しら》んでいた。

ひとり台所へ入り、ベーコン・エッグをつくり、ウイスキーのオンザロックス二杯をのみ、ベッドへもぐりこむ。

あとがき

一昨年の暮れに、食べものについての連載読物を書け、と、週刊朝日の編集部から依頼があったとき、いわゆる食通でもないし、食物の歴史や学問についても疎《うと》い私では、やるにしても到底、一年はつづくまいとおもった。

すると、担当の重金敦之さんが、

「食べものに関連したことなら、何でもいいのです。むかしのおもい出話でもいいし、とにかく好き勝手に、やって見て下さい」

と、いってくれた。この人とは十年も前に、雪の金沢へ共に取材をしに出かけて以来の友人で、おそらく、私にこういうものを書かせれば、こういう結果が出る、ということを、よくよくわきまえていてくれたのであろう。

この一年半の間、週刊朝日の前編集長・工藤宜さん、現編集長の涌井昭治さんの行きとどいたはからいと、取材にあたって、徹底的に面倒を見てくれた重金さんの熱意がなかったら、これだけ長期にわたって書きつづけることはできなかったろう。

いま、日本人の食生活は、私どものような年齢に達した者から見ると、激変しつつある。

近い将来に、われわれと食物の関係は、おもいもかけなかった状態へ突入するかも知れない。

ゆえに、この〔食卓の情景〕が、あるいは記録としての意味をもつようになるかも知れぬ。呵呵《かか》……。

昭和四十八年春

解説

佐藤隆介

毎年、どのくらいの数の本が出版されるものか、私は知らないが、それらの大部分はいつの間にか後から後から出てくる新しい本の山に埋もれて行き、やがて忘れ去られてしまう。

しかし、何年、何十年たっても、消え去るどころか逆に一層の光彩を放ち、多くの人びとの心にどっしりと根をおろして行く……そういう本がある。これは、そういう珍重すべき本の一冊である。

池波正太郎が〔食卓の情景〕を週刊朝日に連載していた昭和四十七、八年ころ、私は一介の編集者だったが、毎号飛びつくようにして雑誌を買い求め、よだれをたらしながら、このエッセイをむさぼり読んだものだ。

連載が終って〔食卓の情景〕が単行本になると直ちに一冊買い、以来今日まで一体何回読み返したことか。まず、百回は下るまい。読書百遍、意おのずから通ず、というう。ちかごろになって、ようやく私もこの本の値打ちが少しわかるようになってきた……と思う。

読み直すたびに何かしら新しいことを発見する。何十回も読んでいるのに、それまで気付かなかったことが、雲の切れ目から太陽がさすように不意に心に飛び込んでくる。私という人間が一つずつ年齢《とし》をとり、いくらかずつでも人生経験を積むにつれて、発見するものはふえてくるようである。〔食卓の情景〕は、そういう意味では、自分の人間としての成長度をはかる尺度といってもよいだろう。

最初のうちは、人並みの食いしん坊として、もっぱら食べものや店についての知識を漁《あさ》ることに忙しかった。文中に出てくる食べものの一覧表を作り、真似《まね》の出来るものは片っ端から真似をしてこしらえてみた。

たとえば、鳥の巣焼。

「じゃがいもをよくつぶして焼いて、まん中へ穴をあけて卵をポンと一つ落し、半熟になったのを食べたらうめえだろうな」

と、少年時代の池波正太郎が創案した鳥の巣焼は、実際うまいものである。池波正太郎が非常に優れたアイデアマンであることは知る人ぞ知るところだが、何故《なぜ》ああも簡単に適切な妙案がポンポン飛び出すのか。それは、つねに問題を一番根本でとらえ、本質と本来の目的を見誤ることがないからである。

本の装幀《そうてい》を例にとっても、編集者がデザイナーに考えさせたいくつかの試案を持参

すると、たちどころに適否を判別し、さらに、

「こうしたほうが、もっとよくなるじゃないか……」

と、自分なりの案を出す池波正太郎である。たいていの場合、プロのデザイナーも兜《かぶと》を脱ぐ。一見、よく出来ているように思える装幀でも、題字や著者名が見にくかったりする場合がある。案として机上でながめている場合はよさそうに思えても、本屋の棚で目立たなかったら何にもならない。そういう基本的なミスを池波正太郎は一目で喝破する。そして「専門家の物知らず」を笑う。こういうときの池波正太郎は、なかなか辛辣《しんらつ》である。


お気付きのことと思うが、本書のカバーデザインは、本文中の何葉かの挿絵《さしえ》とともに、著者・池波正太郎自身の手になるものである。子どものころには画家になることを夢みて、鏑木清方《かぶらぎきよかた》の弟子になろうと思った……という池波正太郎だけに、どう見ても素人《しろうと》のそれではない。正確なデッサンとか、彫りの深い構図とか、あるいは色彩感覚の見事さとか、専門的な批評はさておくとして、池波正太郎の絵の最も大きな特徴は、

「そこに人生がある……」

ということだろう。人生ということばがいささか大げさに過ぎるというなら、生活といってもよい。何気ない街道筋の情景を描いても、その土地に根づいて暮す庶民の

喜怒哀楽が漂っているようである。だから楽しい。ほのぼのとした人の暮しのぬくもりが、そこから伝わってくる。これは池波正太郎という作家の、人間を見る目の暖かさでもあるだろう。

映画でも、小説でも、何でも、「人生」というものがそこに出ていればいい、それが芸術というものだと池波正太郎はいったことがある。〔食卓の情景〕は、まさしく、そこに人生が凝縮されてある本である。このエッセイ集の最大の値打ちは、簡潔をきわめた香気高い文章の底にある「人生」そのものにあると私は思う。

人間いかに生きるかは、だれにとっても根本的な問題である。恐らく生きている限り解答は出ないのかも知れないが、それでも考え続けなければならない問題である。

そういうときに、

「このような生きかたがある……」

と、われわれに啓示を与えるのが、すぐれた映画であり、すぐれた文学であり、そしてこの〔食卓の情景〕である。そう思えばこそ私は飽きることなく何度も何度もこの本を読む。

文字通り「座右の書」であるが、それ以上に、これは私にとって自分を映す鏡でもある。そこに描き出されている池波正太郎の、もっと広くいえば戦前までの東京人の暮しかたと、現在の自分のそれとを較《くら》べてみるのだ。そのたびに感じないではいられない。

「豊かさの違い……」

これはもう、どうにもならない。

機械文明の発達と物質的な豊富さだけを考えれば、明らかに現代人の生活のほうが進んでいるだろう。どこの家にも電話があり、テレビがあり、冷蔵庫がある。新幹線や飛行機のおかげで、かつては考えられもしなかったスピードで国内はおろか外国へも簡単に行くことが出来る。

それにしても……と私は思ってしまう。一体今日の暮しのどこに本当の豊かさがあるのか、と。そうして〔食卓の情景〕を読み返すたびに溜息《ためいき》をついてしまうのである。

「縁日」という一章がある。少年・池波正太郎は晩御飯をすませて、曾祖母《そうそぼ》に、

「食べてすぐ寝ると牛になるよ」

などといわれながら、ひとやすみして、

「縁日へ行って来る」

と、立ちあがる。母が、

「牛てん買って来ておくれ」

といい、祖母が、

「つまらないものを買うんじゃないよ」

という。追いかけるように曾祖母が、

「喧嘩《けんか》しちゃあいけないよ」

という。

少年・池波正太郎は、ふところと相談をしながら大佛次郎《おさらぎ》の〔霧笛〕を三十五銭で買い、岩田専太郎装幀の〔赤穂浪士《あこう》〕初版本を七十五銭で買い、どんどん焼を買って、まっしぐらに家へ駆けもどる。帰って活々《かっか》と熱い泥行火《どろあんか》へもぐりこみ、買ってきたものを頬張りつつ、買ってきた本へかじりつく。

「明日、寝坊をすると承知しないよ」

と、母に怒鳴られながら、こうして読んだ本が映画になると、少年・池波正太郎は十銭玉をつかんで鳥越《とりごえ》キネマへ駆けつけて行く。

何という豊かで暖かい暮しがここにあることか。「家族」というもののあるべき情景を私はここに見る。核家族時代といわれるようになって久しいが、われわれがいつの間にか失ってしまったものの大きさに、私は愕然《がくぜん》とするのである。

戦後、失われたものは家族の連帯ばかりではない。「持続すること」の美徳もすっかり消滅してしまった。古いものイコールよくないもの、新しいものイコールよいもの、という短絡した価値観の中で、日本人を日本人たらしめていた美点の何と多くがむざむざと捨てられて行ったことだろう。

こういう時代では、店も、人も、町並みも、どんどん変って行く。その結果としてわれわれに残されているものは、国籍不明の風俗であり、建物であり、広告であり、人種である。かつての東京を知らず、無秩序にふくれ上がった今日の東京だけを知っているわれわれでさえ、パリやニューヨークなどの外国都市と較べてみるとき、暗然とした気持を禁じ得ないのだ。

池波正太郎は、そういう時代や社会の変化に対して大上段に構えた批判を下そうとはしていない。それにもかかわらず、この本は、まぎれもない現代文明批評の書となっている。語りくちがさりげないだけに、かえって鋭く現代の歪《ゆが》みをえぐり出して見せることになる。

「当時は東京でも、夜の闇が灯火を圧倒していた。なればこそ、灯火が美しかったのであるが、いまは灯火に夜の闇がはね退《の》けられ、昼夜の区別がなくなってしまったから、夕靄《ゆうもや》も夜霧も、何処《どこ》かへ逃げてしまった……」

という一節がある。確かに昼夜の区別もないような今日の東京だが、さて、夜の楽しみというものがそこにどれだけあるか。若い人たちはともかく、大人が洗練された楽しみを味わい得るような場所も時間も、もはや存在しないといってはいい過ぎだろうか。

〔食卓の情景〕は読むたびによだれが出てくるような本である。「柳生から伊賀上野へ」という一章では〔金谷《かなや》〕なる肉屋が登場する。

「赤い肉の色に、うすく靄がかかっている。鮮烈な松阪牛の赤い色とはちがう。松阪の牛肉が丹精をこめて飼育された処女なら、こちらの伊賀牛はこってりとあぶらが乗った年増女《としまおんな》である」

などという描写は、池波正太郎ならではの至芸というしかない。私はここで必ず生《なま》つばをのみこみ「年増女のバター焼」に思いを馳《は》せる。そして、

「もちろん、これではすまない。バター焼のあとで〔すき焼〕をやらなくてはならぬ」

　というところに至って矢も楯《たて》もたまらなくなるのである。ついには友人と語らって伊賀上野まで出かけて行ったものだ。バター焼もすき焼も間然するところなく、さっぱりとした辛口の地酒も悪くなかった。

〔食卓の情景〕に登場する店の多くは、それぞれに頑固なまでの職人気質《かたぎ》をつらぬいていまも営みを続けているだろう。しかし、池波正太郎がその店を訪れた日から今日までの歳月がある。何もかもが目まぐるしいほどに変って行く現代の波は、当然、それらの店にも影響を及ぼしているはずである。すでに代が変っている店や、雰囲気《ふんいき》が悪くなっている店もあろうし、廃業した店もある。いうまでもなく値段は大きく変っているに違いない。

そういうことからいっても、本書をいわゆる食べ歩きのガイドブックとして利用することは、著者の本意に反することであろう。もちろん本の読みかたにルールはないし、そういう利用法をいけないということは出来ない。すべては読者の自由である。ただ、私がいいたいのは、単なる名店案内として〔食卓の情景〕を読むのでは、この含蓄豊かな本を本当に味わったことにならないということである。味わうべきはあくまでもそこに凝縮されてある、

「池波正太郎の人生」

なのだ。

新婚半年で、味噌汁《みそしる》と納豆にあこがれながら、毎朝ハムエッグとトーストを食べさせられている青年に、池波正太郎はいう。

「君のような若いのを、おれは二人も三人も知っている。食べたくないものが出たら食卓《おぜん》を引っくり返せ。それでないと、一生、食いたいものも食えねえぜ」

まさに、噛《か》んで噛んで徹底的に味わいつくすべき本であり、いやしくも男子たるものは右の心構えで生きて行かねばならぬと私は思うのである。

（昭和五十五年三月、エッセイスト）

この作品は昭和四十八年六月朝日新聞社より刊行された。

食《しょく》卓《たく》の情《じょう》景《けい》

新潮文庫　い-16-6

昭和五十五年四月二十五日　発行
平成十五年六月十五日　五十二刷改版
令和二年四月二十日　七十七刷

著者　池《いけ》波《なみ》正《しょう》太《た》郎《ろう》

発行者　佐藤隆信

発行所　株式会社新潮社

郵便番号　一六二―八七一一
東京都新宿区矢来町七一
電話　編集部(〇三)三二六六―五四四〇
読者係(〇三)三二六六―五一一一
http://www.shinchosha.co.jp

価格はカバーに表示してあります。

乱丁・落丁本は、ご面倒ですが小社読者係宛ご送付ください。送料小社負担にてお取替えいたします。

印刷・錦明印刷株式会社　製本・錦明印刷株式会社

ISBN978-4-10-115606-4 C0195